기본 실전 프랑스어

김선미 · 원승재 공저

DÉCOUVERTE DU FRANÇAIS

신아사

김선미

경기대학교 불어불문학과를 졸업하고 프랑스 국립 Aix-Marseille I 대학교에서 언어학 박사 학위를 받았다. 현재 경기대학교 글로벌어문학부 프랑스어문전공 교수로 재직 중이다.
저서로는 『매일 프랑스어 일기쓰기』, 『주제별 프랑스어 생활 작문』, 『쉽게 익히는 프랑스어 회화』, 『실용 프랑스어 쓰기와 실전』이 있고, 공저로 『거리에서 배우는 프랑스어』, 『DELF A1, A2, B1, B2』, 『매일 프랑스어 회화』, 『매일 즐거운 프랑스어 문법』, 『프랑스어 단어 표현집』, 『매일 프랑스어 입문』, 『The 바른 프랑스어』, 『DELF A1 학습과 활용』 등이 있으며, 『토끼와 나』, 『몸의 시학』, 『그림형제 동화집』 등을 번역하였다.

원승재

경기대학교를 졸업한 뒤에 성균관대학교에서 석사를 취득하고, Paris4 대학교에서 프랑스 언어학으로 박사과정을 밟고 있다. 네이버, 삼성, SPC, 한섬 본사에서 기업출강으로 프랑스어 강의를 하였고, 경기도 인력개발원에서 지원하는 홈런교육방송과 ECK교육에서 인터넷 강의를 하였다. 현재 경기대학교 강사로 있으면서 국제교육원에서 DELF를 강의하고 있다. 공저로 『The 바른 프랑스어』, 『DELF A1 학습과 활용』을 출간하였다.

기본 실전 프랑스어

초판 1쇄 발행 _ 2020년 3월 20일
1판 2쇄 발행 _ 2024년 2월 20일

공　저 · 김 선 미 · 원 승 재
발행인 · 정 현 걸
발　행 · 신 아 사
인　쇄 · 한승인쇄
주　소 · 서울특별시 은평구 통일로 59길 4 (2층)
전　화 · (02) 382-6411　팩스 · (02) 382-6401
홈페이지 · www.shinasa.co.kr
E-mail · shinasa@daum.net
출판등록 · 1956년 1월 5일 (제 9-52호)

ISBN : 978-89-8396-388-8 (93760)

정가 16,000원

머리말

프랑스어는 5개 대륙 40여개 국에 걸쳐 광범위하게 통용되는 국제적인 언어라 할 수 있다. 프랑스어는 문화, 예술, 교양, 사교어로서 활용 가치도가 높을 뿐만 아니라 유엔이나 유네스코, 올림픽 대회 등 국제무대에서도 공식적인 외교언어로 사용된다. 따라서 프랑스어는 글로벌 시대에 살고 있는 우리에게 필요한 언어이며, 프랑스어 의사소통 능력은 우리의 소중한 경쟁력이 될 것이다.

< 기본 실전 프랑스어 >는 프랑스어를 기초부터 배우고자 하는 학습자들을 위해 쉽고 빠르게 기본회화를 중심으로 학습할 수 있도록 구성하였다. 발음편을 포함하여 총 10과로 구성된 본서는 각 과마다 기본 기초 회화코너를 두었으며, 또한 원어민 녹음을 수록하여 학습의 효율성을 주었다. 이어서 회화에 필요한 필수적인 문법 설명을 주었으며, 한국어 발음을 직접 적어보는 '발음하기' 코너와 배운 문법을 복습해 보는 '학습하기' 코너를 따로 마련하여 이 책 한권으로 단계적인 학습이 이루어지도록 하였다. 뿐만 아니라 '활용하기' 코너와 '연습 문제'를 통해 자가평가를 할 수 있도록 하였으며, '더불어 알아두기'와 '프랑스 문화' 코너를 따로 주어 실용적인 회화 한마디를 익히고 프랑스 문화를 재미있게 엿볼 수 있도록 하였다.

<기본 실전 프랑스어>가 독자분들에게 프랑스어에 대한 흥미를 느끼고 자신감을 갖게하는 좋은 길잡이가 되기를 바라며, 이 책을 기꺼이 출판해 주신 도서출판 신아사와 프랑스어의 수정과 녹음에 도움을 준 Sebastien LORQUET, Solleap OH에게도 진심으로 고마운 마음을 전한다.

2019년 겨울

김선미, 원승재

목차

기본 실전 프랑스어

알파벳과 발음

■ 알파벳

알파벳	발음	알파벳	발음
A	[a] [아]	N	[Ɛn] [엔]
B	[be] [베]	O	[o] [오]
C	[se] [쎄]	P	[pe] [뻬]
D	[de] [데]	Q	[ky] [뀌]
E	[ə] [으]	R	[ƐːR] [에~흐]
F	[Ɛf] [에프]	S	[ƐS] [에쓰]
G	[ʒe] [줴]	T	[te] [떼]
H	[aʃ] [아슈]	U	[y] [위]
I	[i] [이]	V	[ve] [베]
J	[ʒi] [지]	W	[dubləve] [두불르베]
K	[ka] [까]	X	[iks] [익쓰]
L	[Ɛl] [엘]	Y	[igRƐk] [이그렉]
M	[Ɛm] [엠]	Z	[zƐd] [제드]

■ 발음

모음

1. 단순모음

철자	발음	보기
i î y	[i] [이]	si 만일 ~하면 midi 정오 île 섬 style 스타일
e é	[e] [에] * 입술을 양쪽으로 당겨 소리 내는 닫힌 음	nez 코 été 여름
e è ê ai ei	[ɛ] [에] * 입을 벌려 소리 내는 열린 음	elle 그녀 mère 어머니 fête 축제일 mais 그러나 reine 여왕
a à	[a] [아] * 입 앞에서 내는 음	Canada 캐나다 table 테이블 madame 부인 là 저기
a â	[ɑ] [아] * 입을 크게 벌려 목구멍에서 내는 음	pas 걸음 âme 영혼 pâte 밀가루 반죽
o au	[ɔ] [오] * [오]와 [어]의 중간 음	robe 원피스 col 칼라 opéra 오페라 Paul 폴
o ô au eau	[o] [오] * [ɔ] 보다 입을 작게 해서 내는 음	rose 장미 dos 등 hôte 주인 autre 다른 tableau 그림

ou oû	[u] [우]	soupe 수프 tout 전부 goût 미각

2. 복합모음

철자	발음	보기
u û	[y] [위] * 입모양을 '우'로 고정하고 [이] 소리 내는 음	futur 미래 sur ~위에 flûte 플루트
eu eû œu	[Ø] [으] * 입모양을 '우'로 고정하고 [으] 소리 내는 음	bleu 파란 peu 조금 jeûne 단식 vœu 맹세
eu œu	[œ] [워] * 입모양을 '우'로 고정하고 [에] 소리 내는 음	neuf 새로운 docteur 박사 sœur 누나, 언니
e	[ə] [으]	cela 그것 petit 작은 premier 첫 번째의

3. 비모음

철자	발음	보기
an am en em	[ã] [엉]	santé 건강 lampe 전등 ensemble 함께 encore 아직 temps 시간

in im ym ain ein en	[ɛ̃] [앵] * [앙]에 가까운 [앵] 소리 내는 음	vin 포도주 timbre 우표 symphonie 교향곡 pain 빵 sein 가슴 coréen 한국인
on om	[ɔ̃] [옹]	son 소리 pompe 펌프
un um	[œ̃] [앵]	lundi 월요일 aucun 아무도, 아무것도 parfum 향수

자음

철자	발음	보기
b	[b] [ㅂ]	bas 낮은 bébé 갓난아기 table 테이블
p	[p] [ㅃ]	porte 문 simple 단순한
f ph	[f] [ㅍ]	fille 소녀 fort 강한 philosophie 철학
v	[v] [ㅂ]	vie 인생 bravo 환호
m	[m] [ㅁ]	madame 부인 mon 나의 ami 친구
n	[n] [ㄴ]	non 아니(오) nature 자연
d	[d] [ㄷ]	dent 이 radio 라디오

l	[l] [ㄹ]	livre 책 lait 우유 elle 그녀
r	[r] [ㅎ]	or 금 rire 웃음 soir 저녁
t th	[t] [ㄸ]	ton 너의 terre 흙 théâtre 연극
c k q qu	[k] [ㄲ]	café 커피 colle 풀 ski 스키 cinq 5 coq 수탉 qui 누가
c ç s sc ss	[s] [ㅆ]	ce 이, 그, 저 français 프랑스어 garçon 소년 si 만일 ~하면 scène 무대 dessert 디저트
ch	[ʃ] [슈]	chat 고양이 cheval 말
g gu	[g] [ㄱ]	gant 장갑 gare 역 guitare 기타
g j	[ʒ] [ㅈ]	gilet 조끼 énergie 에너지 joli 예쁜 jambe 다리
z s	[z] [ㅈ]	bizarre 이상한 zéro 영(0) maison 집
gn	[ɲ] [뉴] [느]와 [뉴] 사이	champagne 샴페인 signe 신호 peigne 빗

꼭 알아둘 몇 가지 발음규칙

1. 철자 h

h는 언제나 발음하지 않으나, [무음 h]와 [유음 h]로 구분하여 문법상 달리 취급한다. [무음 h]는 앞의 단어와 연독이 되고, [유음 h] (프랑스어 사전에 특수문자 '†'가 h앞에 표시되어 있음)는 연독이 안 된다.

ex) [무음 h] : l'homme [롬므]
[유음 h] : le héros [르 에호]

2. 단어 끝의 자음

단어의 끝 자음은 보통 발음되지 않는다. 단 c, f, l, q, r는 예외로서 발음될 때가 흔히 있다.

ex) chic [쉬끄], neuf [뇌프], normal [노흐말], cinq [쌩끄], mer [메-흐]

3. 중자음

중자음 ll, rr, ss, tt 따위의 중자음은 보통 자음 하나와 마찬가지로 발음된다.

ex) elle [엘르], pomme [뽐므], attaque [아따끄]

연독법

단어의 마지막 자음은 보통 발음하지 않지만, 다음 단어가 모음 또는 무음 h로 시작되면 다음 단어와 연독하여 이어서 읽는다.

① 관사‿(형용사)‿명사로 이어질 때

ex) C'est‿un petit‿appartement. [쎄‿떵 쁘띠‿따빠흐뜨멍]

② 인칭대명사‿모음으로 시작되는 동사가 이어질 때

ex) Vous‿êtes mon‿ami depuis six‿ans. [부‿제뜨 모‿나미 드쀠이 씨‿졍]
↳ 's' → [z]로 연음. ↳ 'x'→ [z]로 연음됨.

③ 연음은 단어들의 전후 조합에 따라 발음에 변화를 가져오기도 하는데, 관사(un, des)는 모음 또는 h으로 시작되는 명사와는 반드시 연음한다.

ex) un homme [어‿놈므] (엉옴므 ×)
des hommes [데‿좀므] (데옴므 ×)
↳ 's' → [z]로 연음

주의 !

et (접속사) + 모음은 연음을 안 한다.
ex) un livre et une table [엉 리브흐 에 윈 따블르]

MEMO

Leçon 1

Bonjour !

안녕하세요!

학습목표

인사표현을 배우고 활용해보기

핵심문법

√ 주어인칭대명사 / 강세형인칭명사

√ 3군 불규칙동사 aller

√ 1군 규칙동사 parler, s'appeler

듣기 / 읽기

■ 다음 대화문을 듣고 따라 읽어보세요.

Conversation 1

Professeur : Bonjour, tout le monde !
Étudiants : Bonjour, madame !
Professeur : Soujin, comment vas-tu ?
Soujin : Je vais très bien, merci. Et vous ?
Professeur : Moi aussi, très bien.

선생님 : 안녕하세요, 여러분!
학생들 : 안녕하세요, 선생님!
선생님 : 수진, 어떻게 지내니?
수진 : 저는 아주 잘 지냅니다, 고맙습니다. 그런데 당신은요?
선생님 : 나도 역시, 아주 잘 지내요.

Conversation 2

Mme Kim : Bonjour, monsieur.
Namsou : Bonjour, madame.
Mme Kim : Vous allez bien ?
Namsou : Oui, je vais bien, merci. Et vous ?
Mme Kim : Moi aussi, très bien. Au revoir !
Namsou : À bientôt ! Bonne journée.
Mme Kim : Vous aussi !

김 부인 : 안녕하세요, 아저씨.

남수 : 안녕하세요, 부인.

김 부인 : 잘 지내세요?

남수 : 네, 저는 잘 지내요, 고맙습니다. 당신은요?

김 부인 : 나도 또한, 아주 잘 지내요. 안녕히 가세요!

남수 : 또 봐요! 좋은 하루 보내세요.

김 부인 : 당신도요!

Conversation 3

Paul : Salut !

Soujin : Salut !

Paul : Comment t'appelles-tu ?

Soujin : Je m'appelle Soujin, et toi ?

Paul : Moi, je m'appelle Paul.

Soujin : Enchantée !

Paul : Enchanté !

폴 : 안녕!

수진 : 안녕!

폴 : 너의 이름은 뭐니?

수진 : 내 이름은 수진이야, 그럼 너는?

폴 : 나, 나는 폴이라고 해.

수진 : 만나서 반가워!

폴 : 만나서 반가워!

MEMO

Vocabulaire & Expressions

Bonjour ! n.m. 안녕하세요, 안녕!
tout le monde 모든 사람들, 누구나
très ad. 매우, 아주
Merci ! 감사합니다!
Enchanté(e) ! 반갑습니다!
madame n.f. (기혼 여성 및 중년 여성에 대한 경칭) 부인
comment ad. 어떻게, 어떤 방법으로
bien ad. 잘, 적절하게
aussi ad. 또한, 역시
Salut ! (만남과 헤어질 때) 안녕!
Comment t'appelles-tu ? 너의 이름은 뭐니? (친구나 친한 사이 또는 젊은이들 사이에서 반말로 이름을 묻는 표현), = Tu t'appelles comment ? / Comment tu t'appelles ?

발음하기

■ 다음 대화문을 듣고 [ ] 안에 한국어 발음을 적어보세요.

Conversation 1

Professeur : Bonjour, tout le monde !
[ ]

Étudiants : Bonjour, madame !
[ ]

Professeur : Soujin, comment vas-tu ?
[ ]

Soujin : Je vais très bien, merci. Et vous ?
[ ]

Professeur : Moi aussi, très bien.
[ ]

Conversation 2

Mme Kim : Bonjour, monsieur.
[ ]

Namsou : Bonjour, madame.
[ ]

Mme Kim : Vous allez bien ?

[ ]

Namsou : Oui, je vais bien, merci. Et vous ?

[ ]

Mme Kim : Moi aussi, très bien. Au revoir !

[ ]

Namsou : À bientôt ! Bonne journée.

[ ]

Mme Kim : Vous aussi !

[ ]

Conversation 3

Paul : Salut !

[ ]

Soujin : Salut !

[ ]

Paul : Comment t'appelles-tu ?

[ ]

Soujin : Je m'appelle Soujin, et toi ?

[ ]

Paul : Moi, je m'appelle Paul.

[ ]

Soujin : Enchantée !

[ ]

Paul : Enchanté !

[ ]

MEMO

기본문법

1. 주어 인칭대명사

(1) 형태

		단수		복수	
1인칭		je(j')	나는	nous	우리들은
2인칭		tu	너는	vous	당신(들) / 너희들은
3인칭	남성	il	그는	ils	그들은
	여성	elle	그녀는	elles	그녀들은

(2) 용법

1) je는 모음 (a, e, i, y, o, u) 또는 무음 h로 시작하는 단어 바로 앞에서 'e'가 생략되어 j'가 된다.

Je + a, e, i, y, o, u	J'	J'aime Paris. 나는 파리를 좋아한다.
Je + h		J'habite à Séoul. 나는 서울에 산다.

2) Tu와 Vous : tu는 가족이나 친구, 동료 사이 또는 나이 차이가 있어도 서로 잘 알고 있을 때 사용한다. vous는 tu의 복수형이면서, 동시에 존칭으로 '당신, 당신들'의 뜻으로 사용한다.

2. 강세형 인칭대명사

(1) 형태

	단수		복수	
1인칭	moi	나	nous	우리
2인칭	toi	너	vous	당신(들) / 너희들

3인칭	남성	lui	그	eux	그들
	여성	elle	그녀	elles	그녀들

(2) 용법

1) 인칭대명사를 강조할 때 사용한다.

ex) Moi, je m'appelle Paul. 나, 내 이름은 폴이야.
Elle, elle va bien. 그녀, 그녀는 잘 지내.

2) 동사 없이 단독으로 사용한다.

ex) Et toi ? 그런데 너는?
Et vous ? 그런데 당신은?

3) être 동사의 속사로 쓰인다.

ex) C'est moi. 나다.
C'est toi ? 너니?

4) 전치사와 함께 사용한다.

ex) avec nous 우리와 함께
pour lui 그를 위해

3. aller 동사

프랑스어 동사는 동사어미의 변화형에 따라 1군 규칙동사(동사어미가 -er로 끝나는 경우), 2군 규칙동사(동사어미가 -ir로 끝나는 경우), 3군 불규칙동사(동사어미가 불규칙하게 끝나는 경우)로 분류한다. aller는 -er로 끝났지만 예외적으로 3군 불규칙동사에 속한다.

aller [알레] 지내다, 가다			
je	vais	nous	allons
tu	vas	vous	allez
il/elle	va	ils/elles	vont

4. 1군 규칙 동사

동사 어미가 -er로 끝나는 동사를 1군 규칙동사라고 한다.

(1) 형태

1군 규칙동사는 어미 -er을 없애고, 그 자리에 인칭에 따라 다음과 같은 어미를 붙인다.

je	-e	nous	-ons
tu	-es	vous	-ez
il/elle	-e	ils/elles	-ent

* -e, -es, -e, -ent는 발음하지 않는다.

parler [빠흘레] 말하다			
je	parle	nous	parlons
tu	parles	vous	parlez
il/elle	parle	ils/elles	parlent

s'appeler [싸뻴레] 이름이 ~이다			
je	m'appelle	nous	nous‿appelons
tu	t'appelles	vous	vous‿appelez
il/elle	s'appelle	ils/elles	s'appellent

aimer [에메] 좋아하다			
j'	aime	nous	aimons
tu	aimes	vous	aimez
il/elle	aime	ils/elles	aiment

* je는 모음 또는 무음 h로 시작하는 동사 앞에서는 j'로 축약된다.

(2) 용법

현재시제는 말하고 있는 순간에 벌어지고 있는 일이나 사건을 표현한다.

ex) Je m'appelle Paul. 나의 이름은 폴입니다.

Nous aimons Paul. 우리들은 폴을 좋아합니다.

MEMO

학습하기

1. 다음 주어 인칭대명사를 읽어가며 3번 써보세요.

je		nous	
tu		vous	
il		ils	
elle		elles	

2. 다음 강세형 인칭대명사를 읽어가며 3번 써보세요.

moi		nous	
toi		vous	
lui		eux	
elle		elles	

3. aller 동사변화형을 3번 써보세요.

je		nous	
tu		vous	
il/elle		ils/elles	

4. 다음 동사의 변화형을 써보세요.

	parler	s'appeler	aimer
je(j')			
tu			
il/elle			
nous			
vous			
ils/elles			

활용하기

【1】 대화문을 듣고 ( ) 안에 알맞은 말을 써보세요.

Professeur : Sylvie, ( ) vas-tu ?
Sylvie : Je ( ) très bien, merci. Et ( ) ?
Professeur : ( ), très bien.

Paul : Comment ( )-tu ?
Soujin : Je ( ) Soujin, et ( ) ?
Paul : Moi, je ( ) Paul.

【2】 주어진 단어 중 알맞은 말을 찾아 ( ) 안에 넣고 읽어보세요.

bonne journée / très bien / allez / merci

Madame : Bonjour, monsieur.
Monsieur : Bonjour, madame.
Madame : Comment allez-vous ?
Monsieur : Pas mal, ( ).
Et vous, vous ( ) bien ?
Madame : Oui, ( ). Au revoir.
Monsieur : Au revoir, ( ).

【3】다음 문장을 프랑스어로 써보세요.

1. 만나서 반가워!

____

2. 그는 매우 잘 지내고 있다.

____

3. 그들은 나와 이야기 한다.

____

4. 다음에 봐요!

____

5. 너는 어떻게 지내니?

____

6. 너의 이름은 뭐니?

____

【4】다음 질문에 프랑스어로 대답해보세요.

1. A : Comment t'appelles-tu ?
B : ______________________________

2. A : Bonne journée.
B : ______________________________

3. A : Tu parles avec elle ?
B : ______________________________

4. A : Tu aimes Paris ?
B : ______________________________

연습문제

1. 다음 단어에 해당하는 주어 인칭대명사를 써보세요.

(1) Sylvie →

(2) Pierre →

(3) Pierre et moi →

(4) Sylvie et Pierre →

(5) Sylvie et toi →

2. 다음 밑줄 친 단어에 해당하는 강세형 인칭대명사를 ( ) 안에 써보세요.

(1) ( ), je m'appelle Soujin. 나, 나는 수진이야.

(2) C'est ( ) ? 그녀니?

(3) C'est pour ( ). 이것은 너를 위한 거야.

(4) J'habite avec ( ). 나는 그와 함께 산다.

(5) ( ), ils vont très bien. 그들, 그들은 매우 잘 지내.

(6) ( ) et moi. 당신과 나.

3. aller 동사를 알맞게 변형시켜 ( ) 안에 써보세요.

(1) Moi, je ( ) bien.

(2) Comment ( )-vous ?

(3) Nous ( ) très bien.

(4) Tu ( ) bien.

(5) Elle ( ) bien.

4. 밑줄 친 부분에 해당하는 프랑스어 단어를 ( ) 안에 써보세요.

(1) ( ), ( ) ( ) Paris. 그들, 그들은 파리를 좋아해요.

(2) ( ), ( ) ( ) Luc. 그, 그의 이름은 뤽이다.

(3) ( ), ( ) ( ) François. 나, 나의 이름은 프랑수와이다.

(4) ( ), ( ) ( ) Lucie. 그녀, 그녀의 이름은 뤼시야.

(5) ( ), ( ) ( ) avec Jean. 우리, 우리는 쟝과 말해요.

더불어 알아두기

■ 다양한 인사 표현

- Bonsoir ! (저녁 인사) 안녕하세요! 안녕!
- Bonne journée ! 좋은 하루 보내세요!
- Bonne soirée ! 멋진 저녁 시간 보내세요!
- Bonne nuit ! 안녕히 주무세요!
- Pas mal ! 나쁘지 않아요! (긍정의 의미)
- Ça va pas ! 잘 못 지내요!
- Comme ci comme ça ! 그럭저럭 지내요!

■ 헤어질 때 인사표현

- Au revoir ! 안녕히 가세요! 안녕!
- Ciao ! (구어) 안녕!
- Salut ! 안녕!
- À demain ! 내일 보자!
- Bonne journée ! 좋은 하루 보내세요!
- Bon après-midi ! 좋은 오후시간 보내세요!
- Bonne soirée ! 좋은 저녁시간 보내세요!

쉬어가기

샹송 한곡을 배워볼까요 ?

1960년 5월 29일 어버이날을 위해 만들어진 샹송입니다.
프랑스의 샹송가수 이베트 지로가 당시 8세이던 딸 엘리자베스와 함께 녹음을 하였고, 한국에도 크게 알려졌던 작품이죠! 한번 따라해볼까요?

♬ Papa aime maman 아빠는 엄마를 사랑해요 ♬

Quel beau temps, aujourd'hui c'est dimanche
오늘은 일요일, 멋진 날씨네요

Dans les bois ils s'en vont tous les deux
엄마와 아빠는 단둘이 숲으로 산책 나가죠

Gentiment sur sa joue il se penche
아빠가 다정하게 고개를 기울여 엄마 뺨에 뽀뽀하네요

Lui et elle, elle et lui sont heureux
아빠와 엄마, 엄마와 아빠는 행복해요

Papa aime maman
아빠는 엄마를 사랑해요

Maman aime papa
엄마도 아빠를 사랑해요

Papa aime maman
아빠는 엄마를 사랑해요

Maman aime papa
엄마도 아빠를 사랑해요

MEMO

Leçon 2

Tu es coréen ?

너는 한국사람이니?

학습목표

국적표현을 배우고 활용해보기

핵심문법

- √ 명사의 성
- √ être 동사
- √ 의문문

듣기 / 읽기

■ 다음 대화문을 듣고 따라 읽어보세요.

Conversation 1

Soujin : Bonjour, Paul.

Paul : Bonjour, Soujin. Ça va bien ?

Soujin : Oui, ça va bien, merci. Et toi ?

Paul : Moi aussi, très bien. Soujin, c'est Sylvie.

Sylvie : Bonjour, enchantée.

Soujin : Enchantée.

Paul & Sylvie : Ciao.

Soujin : Salut.

수진 : 안녕, 폴.

폴 : 안녕, 수진. 잘 지내니?

수진 : 그래, 잘 지내. 고마워. 그런데 너는?

폴 : 나도 또한, 아주 잘 지내. 수진, 이 친구는 실비야.

실비 : 안녕, 만나서 반가워.

수진 : 만나서 반가워.

폴 & 실비 : 잘 가.

수진 : 잘 가.

Conversation 2

Soujin : Salut, voici Namsou.

Sylvie : Bonjour. Moi, je suis Sylvie.

Namsou : Bonjour, Enchanté.

Sylvie : Enchantée. Toi aussi, tu es coréen ?

Namsou : Oui, je suis coréen. Es-tu italienne ?

Sylvie : Non, je suis française.

수진 : 안녕, 이 친구는 남수야.

실비 : 안녕. 나, 나는 실비라고 해.

남수 : 안녕, 만나서 반가워.

실비 : 만나서 반가워. 너도 또한, 한국 사람이니?

남수 : 응, 나는 한국 사람이야. 너는 이탈리아 사람이니?

실비 : 아니, 나는 프랑스 사람이야.

Vocabulaire & Expressions

ça (사물·상황을 지칭하여) 이것, 그것, 저것

Ciao ! (헤어질 때) 안녕!

italien(ne) n. 이탈리아인

non ad.(긍정 의문에 대해) 아니(오)

être v. (사람, 사물이) ~이다, 있다

coréen(ne) n. 한국인

français(e) n. 프랑스인

발음하기

■ 다음 대화문을 듣고 [ ] 안에 한국어 발음을 적어보세요.

Conversation 1

Soujin : Bonjour, Paul.

[ ]

Paul : Bonjour, Soujin. Ça va bien ?

[ ]

Soujin : Oui, ça va bien, merci. Et toi ?

[ ]

Paul : Moi aussi, très bien. Soujin, c'est Sylvie.

[ ]

Sylvie : Bonjour, enchantée.

[ ]

Soujin : Enchantée.

[ ]

Paul & Sylvie : Ciao.

[ ]

Soujin : Salut.

[ ]

Conversation 2

Soujin : Salut, voici Namsou.

[ ]

Sylvie : Bonjour. Moi, je suis Sylvie.

[ ]

Namsou : Bonjour, Enchanté.

[ ]

Sylvie : Enchantée. Toi aussi, tu es coréen ?

[ ]

Namsou : Oui, je suis coréen. Es-tu italienne ?

[ ]

Sylvie : Non, je suis française.

[ ]

MEMO

기본문법

1. 명사의 성 (I)

프랑스어의 모든 명사는 남성과 여성으로 구분되어 있으며, 각각의 성을 꼭 알아두어야 한다. 여기서는 성의 구분과 남성명사를 여성명사로 전환하는 방법을 알아보자.

(1) 성의 구분

1) 사람과 동물을 나타내는 보통명사는 자연성을 따른다.

남성	여성
père 아버지 garçon 소년 coq 수탉	mère 어머니 fille 소녀 poule 암탉

2) 사물명사의 경우 언어관습에 따라 임의로 부여된 성을 따른다.

남성	여성
livre 책 crayon 연필 appartement 아파트	table 테이블 gomme 지우개 maison 집

3) 직업을 나타내는 몇 몇 명사들은 문법상 항상 남성으로 사용한다.

ex) professeur 교수 / médecin 의사 / écrivain 작가

(2) 명사의 여성형 만들기

규칙	남성	여성
남성명사에 e를 붙임	ami 친구 cousin 사촌 français 프랑스인	amie cousine française
어미가 -e로 끝난 명사는 그대로 둠	artiste 예술가 journaliste 기자 élève 학생	artiste journaliste élève
어미가 -en으로 끝난 명사는 -ne를 붙임	coréen 한국인 musicien 음악가 chien 강아지	coréenne musicienne chienne
어미가 -er로 끝난 명사는 -ère로 변함	cuisinier 요리사 boulanger 제빵사	cuisinière boulangère
어미가 -eur로 끝난 명사는 -euse 또는 rice로 변함	chanteur 가수 acteur 배우	chanteuse actrice

2. être 동사

(1) 형태

영어의 be 동사에 해당하는 3군 불규칙동사 être는 회화에서 빈번하게 사용되므로 반드시 암기해야 한다.

être [에트르] ~이다/ ~ 있다			
je	suis	nous	sommes
tu	es	vous	êtes
il/elle	est	ils/elles	sont

(2) 용법

1) être + 명사/형용사

ex) Je suis Anne. 나는 안느이다.
Ils sont français. 그들은 프랑스인이다.

2) être + 전치사 + 명사

ex) Elle est avec Paul. 그녀는 폴과 함께 있다.
Nous sommes à Paris. 우리는 파리에 있다.

3. 의문문

프랑스어에서 의문문을 만드는 세 가지 형태는 다음과 같다.

1) 평서문 형태의 의문문 : 평서문? ↗

ex) Elle est artiste. 그녀는 예술가이다. → Elle est artiste ? ↗

2) Est-ce que 를 문두에 두는 의문문

ex) Tu es français. 너는 프랑스인이다. → Est-ce que tu es français ?

3) 주어와 동사를 도치하는 의문문

ex) Il est coréen. 그는 한국인이다. → Est-il coréen ?

주의 !

주어와 동사를 도치하여 의문문을 만들 경우, 모음 충돌을 피하기 위해 't'를 삽입 한다.

ex) Aime-t-elle Paris ? 그녀는 파리를 좋아하니?
Habite-t-il avec Pierre ? 그는 피에르와 함께 사니?

4. 지시대명사 ce

사람, 동물 또는 사물을 가리키는 대명사이다.

1) ce는 être의 주어로서의 역할을 한다.

ex) C'est Sylvie. 이 사람은 실비이다.
C'est la Seine. 이것은 센느강이다.

2) 일상 관용적인 표현에서 ça를 쓴다.

ex) Ça va. 좋아, 됐어, 잘 지내.
C'est ça. 그렇습니다, 좋아, 알았어.
Comme ci comme ça. 그럭저럭.

MEMO

학습하기

1. 다음 명사의 성을 적어보세요.

femme 여자		pomme 사과	
homme 남자		livre 책	
baguette 바게뜨		chat 고양이	
cinéma 영화		pizza 피자	
cahier 공책		café 커피	

2. 다음 명사의 여성형을 만들어보세요.

남성	여성
chinois 중국인	
peintre 화가	
canadien 캐나다인	
étranger 외국인	
danseur 무용가	
étudiant 학생	
camarade 급우	
italien 이탈리아인	
lecteur 독자	

3. être 동사변화를 3번 써보고 읽어보세요.

je		nous	
tu		vous	
il/elle		ils/elles	

4. 다음 문장을 의문문 3가지 형식으로 바꿔보세요.

Il est espagnol. 그는 스페인 사람이다.
1) 2) 3)

MEMO

활용하기

【1】 다음 대화문을 듣고 (　) 안에 알맞은 말을 써보세요.

Soujin : Salut, comment (　　　　　　　　　) ?
Sylvie : Salut, (　　　　　　　　　). Et toi ?
Soujin : Moi, je vais bien. (　　　　　　　　　　　) Namsou.
Sylvie : Bonjour. Moi, je suis Sylvie.
Namsou : Bonjour, (　　　　　　　　　).
Sylvie : Enchantée. Tu (　　　　　　　　　) aussi coréen ?
Namsou : Oui, je suis coréen. Es-tu (　　　　　　　　　) ?
Sylvie : Non, je suis (　　　　　　　　　　　).

【2】 주어진 단어 중 알맞은 말을 찾아 (　) 안에 넣고 읽어보세요.

espagnole / vais bien / voici / m'appelle / toi / enchantée / est-ce que

Soujin : Salut, comment vas-tu ?
Sylvie : Salut. Je (　　　　　　　　　). Et toi ?
Soujin : Moi, ça va bien. (　　　　　　　　　　　) Namsou.
Sylvie : Bonjour. Moi, je (　　　　　　　　　　　) Sylvie.
Namsou : Bonjour. Enchanté.
Sylvie : (　　　　　　　　). (　　　　　　　　　　　) tu es japonais ?
Namsou : Non, je suis coréen. Et (　　　　　　　), tu es (　　　　　　) ?
Sylvie : Oui, je suis espagnole.

【3】 다음 문장을 프랑스어로 써보세요.

1. 나는 신문기자이다. →

____

2. 그녀는 학생입니다. →

____

3. 그들은 한국사람들입니까? →

____

4. 당신은 프랑스사람입니까? (주어도치) →

____

5. 이 사람은 진수입니다. (소개표현) →

____

【4】 다음 질문에 프랑스어로 대답해보세요.

1. A : Vous êtes peintre ?

B : ____

2. A : Est-ce que vous êtes chinois ?

B : ____

3. A : Moi, je m'appelle Paul et je suis journaliste. Et toi ?

B : ____

연습문제

1. 다음 명사를 여성으로 바꿔보세요.

(1) homme →

(2) secrétaire →

(3) avocat →

(4) canadien →

(5) ami →

(6) suisse →

(7) garçon →

(8) cuisinier →

2. être 동사를 알맞게 변형시켜 ( ) 안에 써보세요.

(1) Je (   ) étudiant.

(2) Tu (   ) coréen ?

(3) C'(   ) Luc ?

(4) Elles (   ) avec toi ?

3. 다음 단어에 해당하는 성을 써보세요.

(1) café →

(2) pizza →

(3) voiture →

(6) crayon →

(7) maison →

(8) table →

(4) sac →

(9) gomme →

(5) téléphone portable →

(10) cahier →

4. 다음 평서문을 Est-ce que 의문문과 도치 의문문으로 바꿔보세요.

(1) Vous êtes français. → ____________________

→ ____________________

(2) Elles vont bien. → ____________________

→ ____________________

(3) Il aime Paris. → ____________________

→ ____________________

(4) Elle habite avec Paul. → ____________________

→ ____________________

MEMO

더불어 알아두기

■ 국가와 국적

국가		국적
한국	la Corée	coréen, coréenne
중국	la Chine	chinois, chinoise
일본	le Japon	japonais, japonaise
프랑스	la France	français, française
영국	l'Angleterre	anglais, anglaise
독일	l'Allemagne	allemand, allemande
벨기에	la Belgique	belge
이탈리아	l'Italie	italien, italienne
스페인	l'Espagne	espagnol, espagnole
스위스	la Suisse	suisse
러시아	la Russie	russe
미국	les Etats-Unis	américain, américaine
캐나다	le Canada	canadien, canadienne
멕시코	le Mexique	mexicain, mexicaine

쉬어가기

프랑스 국기와 상징 동물에 대하여 알아볼까요?

1. 프랑스 국기 : 청색, 백색, 적색의 세로형 3색기로 되어있는 프랑스 국기는 자유, 평등, 박애의 의미를 가지고 있어요. 청색은 푸른 하늘을 날라갈 것 같은 자유를 상징하며, 자유는 프랑스어로 liberté[리베르떼]입니다. 백색은 인간에게 신분의 차이가 없다는 평등을 상징하며, 평등은 프랑스어로 égalité[에갈리떼]이고, 마지막으로 적색은 모든 인류의 행복을 위해 흘린 피를 상징한다고 합니다. 박애는 프랑스어로 fraternité[프라떼르니떼]입니다.

2. 프랑스의 상징 동물 : '수탉' coq[꼬끄]으로 다음과 같은 이야기가 전해져 옵니다. 프랑스는 영국과의 백년전쟁 이후, 가난하고 추위에 굶주리는 삶을 살았어요. 이때 프랑스 국왕 앙리 4세가 국민들에게 일주일에 닭 한마리를 약속했다고 해요. 이 당시 닭은 매우 귀한 동물이고 음식이었기 때문에 모든 국민들은 환호했어요. 이때부터 국민들이 가장 사랑하는, 국가를 상징하는 동물이 되었답니다.

Leçon 3

J'adore le français !

나는 프랑스어를 좋아해요!

학습목표

선호도를 배우고 활용해보기

핵심문법

√ 부정문

√ 명사의 수

√ 부정관사, 정관사

듣기 / 읽기

■ 다음 대화문을 듣고 따라 읽어보세요.

Conversation 1

Professeur : Namsou !
Namsou : Oui, madame !
Professeur : Tu es coréen ?
Namsou : Oui, je suis coréen.
Professeur : Et toi Sylvie, tu es espagnole ?
Sylvie : Non, je ne suis pas espagnole. Je suis italienne.
Professeur : Très bien. Nous étudions le français ensemble.

선생님 : 남수!
남수 : 네, 선생님!
선생님 : 너는 한국 사람이니?
남수 : 네, 저는 한국인입니다.
선생님 : 그럼 너 실비는, 스페인 사람이니?
실비 : 아니요, 저는 스페인 사람이 아니예요. 저는 이탈리아 사람이예요.
선생님 : 그렇구나. 우리 같이 프랑스어를 공부해보자.

Conversation 2

Soujin : Paul, est-ce que tu es étudiant ?

Paul : Oui, je suis étudiant. Et toi ?

Soujin : Moi, je suis cuisinière.

Paul : Super ! Tu aimes le français ?

Soujin : Bien sûr, j'adore le français. Et toi ?

Paul : Moi aussi, j'aime beaucoup.

수진 : 폴, 너는 학생이니?

폴 : 응, 나는 학생이야. 그럼 너는?

수진 : 나, 나는 요리사야.

폴 : 최고다! 너는 프랑스어를 좋아하니?

수진 : 물론이지, 나는 프랑스어를 엄청 좋아해. 그럼 너는?

폴 : 나도 또한, 많이 좋아해.

Vocabulaire & Expressions

espagnol(e) n. 스페인인

ne...pas ....이 아니다

adorer 매우 좋아하다

étudier 공부하다, 연습하다

étudiant(e) n. 학생

cuisinier(ère) n. 요리사

Bien sûr ! 물론입니다!

aimer 좋아하다, 사랑하다

beaucoup ad. 많이, 매우, 무척

발음하기

■ 다음 대화문을 듣고 [ ] 안에 한국어 발음을 적어보세요.

Conversation 1

Professeur : Namsou !

[ ]

Namsou : Oui, madame !

[ ]

Professeur : Tu es coréen ?

[ ]

Namsou : Oui, je suis coréen.

[ ]

Professeur : Et toi Sylvie, tu es espagnole ?

[ ]

Sylvie : Non, je ne suis pas espagnole. Je suis italienne.

[ ]

Professeur : Très bien. Nous étudions le français ensemble.

[ ] [ ]

Conversation 2

Soumi : Paul, est-ce que tu es étudiant ?

[ ]

Paul : Oui, je suis étudiant. Et toi ?

[ ]

Soumi : Moi, je suis cuisinière.

[ ]

Paul : Super ! Tu aimes le français ?

[ ]

Soumi : Bien sûr, j'adore le français. Et toi ?

[ ]

Paul : Moi aussi, j'aime beaucoup.

[ ]

기본문법

1. 부정문

(1) 형태

동사 앞에 ne 동사 뒤에 pas를 붙인다.

ne (n') + 동사 + pas

	parler	être
je	ne parle pas	ne suis pas
tu	ne parles pas	n'es pas
il/elle	ne parle pas	n'est pas
nous	ne parlons pas	ne sommes pas
vous	ne parlez pas	n'êtes pas
ils/elles	ne parlent pas	ne sont pas

* ne는 모음 또는 무음 h로 시작하는 동사 앞에서 n'로 축약된다.

ex) Il est français. → Il n'est pas français. 그는 프랑스 사람이 아니다.
Elle habite à Paris. → Elle n' habite pas à Paris. 그녀는 파리에 살지 않는다.

(2) 용법

1) '~가 아니다' 의미의 ne ~ pas는 가장 대표적인 부정형이다.

ex) Je ne parle pas français. 나는 프랑스어를 못한다.
Il n'est pas professeur. 그는 선생님이 아니다.

2) 그 밖의 다양한 의미의 부정형이 있다.

· ne ~ plus (더 이상 ~ 하지 않다)

ex) Je ne suis plus étudiant. 나는 더 이상 학생이 아니다.

· ne ~ jamais (결코~가 아니다)

ex) Il ne va jamais à Paris. 그는 결코 파리에 가지 않는다.

· ne ~ ni ~ ni (~도 ~도 아니다)

ex) Elle n'aime ni le café ni le thé. 그녀는 커피도 차도 좋아하지 않는다.

2. 명사의 수 (II)

명사의 복수형은 다음과 같이 만든다.

	단수	복수
단수형에 s를 붙임 (원칙형)	père 아버지 livre 책	pères livres
-s, -x, -z로 끝나면 그대로 둠	voix 목소리 nez 코	voix nez
-eau, -eu로 끝나면 x를 붙임	château 성 jeu 놀이	châteaux jeux
-al로 끝나면 aux로 바뀜	animal 동물 journal 신문	animaux journaux

3. 부정관사, 정관사

관사는 명사 앞에 붙이며, 명사의 성과 수에 일치시킨다. 프랑스어에서 관사는 형태와 용법에 따라 부정관사, 정관사, 부분관사로 구분된다.

여기서는 부정관사와 정관사를 살펴보자.

(1) 형태

	남성 단수	여성 단수	남성•여성 복수
부정관사	un	une	des
정관사	le(l')	la(l')	les

* le, la 다음에 모음이나 무음 h로 시작되는 단수 명사가 오면, l'로 축약된다.

ex) la école (x) → l'école 학교 / le homme (x) → l'homme 남자

(2) 용법

1) 부정관사

불특정 대상의 셀 수 있는 명사 앞에서 사용한다. 단수로 쓰일 때는 '하나'로, 복수로 쓰일 때는 '여럿이' 등의 뜻으로 사용한다.

ex) une table 탁자 하나 / des tables 탁자들
un crayon 연필 하나 / des filles 소녀들

2) 정관사

정관사는 모든 명사 앞에서 앞서 언급된 명사, 문맥상 한정된 명사, 명사의 총체적 의미를 표현 할 때 사용한다.

ex) Voici une table. 여기 탁자 하나가 있다.
C'est la table de Paul. 이것은 폴의 탁자이다.
J'aime le cinéma. 나는 영화를 좋아한다.

학습하기

1. 다음 밑줄 친 부분에 해당하는 의미의 부정문을 만들어보세요.

Vous aimez le sport. 당신은 스포츠를 좋아한다.	
당신은 스포츠를 좋아하지 않는다.	
당신은 더 이상 스포츠를 좋아하지 않는다.	
당신은 결코 스포츠를 좋아하지 않는다.	
당신은 스포츠도 음악도 좋아하지 않는다.	

2. 다음 명사의 복수형을 써보세요.

musique 음악	
étudiant 학생	
cheval 말	
repas 식사	
gâteau 케이크	

3. 다음 빈 칸에 부정관사와 정관사를 3번씩 써보세요.

	남성 단수	여성 단수	남성・여성 복수
부정관사			
정관사			

4. 다음 ( ) 안에 알맞은 관사를 넣어보세요.

Voici ( ) chien.	여기 강아지 한 마리가 있다.
C'est ( ) chien de Paul.	그것은 폴의 강아지이다.
Il aime ( ) sport.	그는 스포츠를 좋아한다.

MEMO

활용하기

【1】 대화문을 듣고 (   ) 안에 알맞은 말을 써보세요.

Paul   : Salut !
Namsou : Salut !
Paul   : Tu es (   ) ?
Namsou : Non, je (   ) suis (   ) coréen.
Je suis (   ), et toi ?
Paul   : Moi, je suis (   ).
Namsou : Tu aimes (   ) ?
Paul   : Oui, (   ).
Namsou : Moi aussi.

【2】 주어진 단어 중 알맞은 말을 찾아 (   ) 안에 넣고 읽어보세요.

ni / ni / bien sûr / n'aime pas / ne vais jamais / beaucoup

Soujin : Paul, est-ce que tu aimes le sport ?
Paul   : (   ), j'aime (   ), et toi ?
Soujin : Moi, je (   ) le sport.
Paul   : Ah, bon ? Mais tu aimes le cinéma ?
Soujin : Non, je (   ) au cinéma.
Je n'aime (   ) le sport (   ) le cinéma.

【3】 다음 문장을 프랑스어로 써보세요.

(1) 그녀는 서울에 삽니다. → ______________________________

(2) 너는 한국어를 좋아하지 않니? → ______________________________

(3) 나는(여자) 더 이상 학생이 아니다. → ______________________________

【4】 다음 질문에 프랑스어로 대답해보세요.

1. A : Tu es japonais(e) ?

B : ______________________________

2. A : Est-ce que tu aimes le sport ?

B : ______________________________

3. A : Tu es étudiant(e) ?

B : ______________________________

연습문제

1. 다음 명사를 복수로 바꿔보세요.

(1) fille →

(2) gâteau →

(3) journal →

(4) voix →

(5) couteau →

(6) repas →

(7) animal →

(8) livre →

(9) nez →

(10) manteau →

2. ( ) 안에 알맞은 1군 규칙 동사변화형을 써보세요.

(1) Elles ( ) français. → parler

(2) Tu ( ) à Séoul ? → habiter

(3) Il ( ) avec Paul. → travailler

(4) Nous ( ) le coréen à la maison. → étudier

(5) J'( ) les livres. → aimer

3. 다음 문장을 부정문으로 만들어보세요.

(1) Il est étudiant. →

(2) J'habite à Séoul. →

(3) C'est une chaise. →

(4) J'aime le café. →

4. 다음 명사에 해당하는 부정관사와 정관사를 넣어보세요.

(1) livre →

(2) cinéma →

(3) table →

(4) école →

(5) fille →

(6) amis →

(7) café →

(8) étudiante →

(9) chien →

(10) femmes →

MEMO

더불어 알아두기

■ 언어

* 언어는 국적 명사의 남성형과 형태가 같다.

국적		언어	
한국인	coréen, coréenne	한국어	le coréen
중국인	chinois, chinoise	중국어	le chinois
일본인	japonais, japonaise	일본어	le japonais
프랑스인	français, française	프랑스어	le français
영국인	anglais, anglaise	영어	l'anglais
독일인	allemand, allemande	독일어	l'allemand
벨기에인	belge	벨기에어	le belge
이탈리아인	italien, italienne	이탈리아어	l'italien
스페인인	espagnol, espagnole	스페인어	l'espagnol
스위스인	suisse	스위스어	le suisse
러시아인	russe	러시아어	le russe
미국인	américain, américaine	영어	l'anglais
캐나다인	canadien, canadienne	영어/프랑스어	l'anglais, le français
멕시코인	mexicain, mexicaine	스페인어	l'espagnol

쉬어가기

프랑스는 어떤 나라일까요?

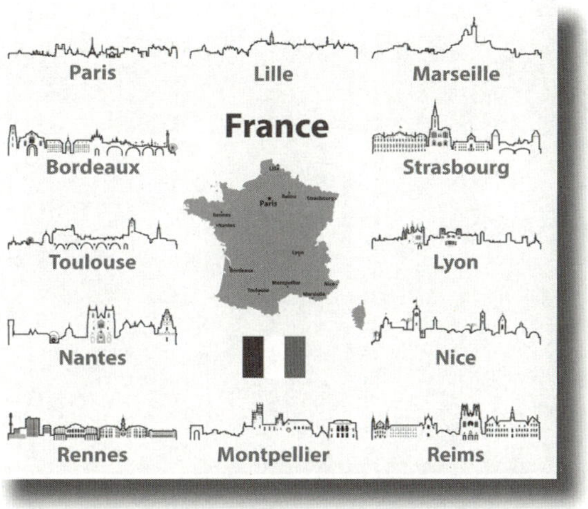

유럽에서 세 번째로 넓은 나라인 프랑스는 서부 유럽에 위치하고 있어요. 지중해와 대서양 사이에 있는 육각형 모양의 나라입니다. 지도에서와 같이 수도인 파리를 포함하여 리옹, 낭트, 니스, 루앙, 릴, 마르세유, 몽펠리에, 베르사유, 보르도, 스트라스부르, 아비뇽, 칸, 투르, 카르카손, 툴루즈 등 주요 도시들이 있고, 국민의 약 80%가 로마 카톨릭교를 믿고 있어요. 그래서 사회 분위기는 일반적으로 보수적이고 전통을 존중하는 편입니다. 또한 프랑스 사람들은 일반적으로 자신들의 나라에 애정을 가지고 있고, 현실주의적이며 매우 검소하답니다. 공용어로 프랑스어를 사용하고 있고, 통화는 사진과 같이 유로화(euro)를 사용하고 있어요.

MEMO

Leçon 4

Ce sont les photos de ma famille.

이것은 내 가족사진이야.

학습목표

형용사를 배우고 활용해보기

핵심문법

√ 의문형용사

√ 소유형용사

√ avoir 동사

√ 품질형용사

듣기 / 읽기

■ 다음 대화문을 듣고 따라 읽어보세요.

Conversation 1

Paul : Ce sont les photos de ma famille.
Soujin : Wow ! Super ! C'est ton frère ?
Paul : Oui, c'est mon petit frère.
Soujin : Il est comment ?
Paul : Il est grand et très gentil.

폴 : 이것은 내 가족의 사진이야.
수진 : 와우! 너무 멋지다! 이 사람은 너의 남동생이니?
폴 : 그래, 내 남동생이야.
수진 : 그는 어때?
폴 : 그는 키가 크고 아주 친절해.

Conversation 2

Namsu : Tu as des sœurs ?
Sylvie : Oui, j'ai une sœur. Sophie, elle est étudiante.
Namsu : Elle est jolie ?
Sylvie : Oui, et elle est grande. En plus, elle est sociable.

Namsu : Moi, j'ai un frère. Il est petit mais mignon.

Sylvie : Quelle est sa profession ?

Namsu : Il est musicien.

남수 : 너는 여자 형제들이 있니?

실비 : 응, 여동생이 한 명 있어. 소피이고, 대학생이야.

남수 : 그녀는 예쁘니?

실비 : 응, 그리고 키도 커. 게다가, 그녀는 사교적이기도 해.

남수 : 나, 나는 남자 형제가 한 명 있어. 그는 키가 작지만 귀여워.

실비 : 직업이 뭐니?

남수 : 음악가야.

Vocabulaire & Expressions

mes 나의 (남,여 복수형)
photo n.f. 사진, 사진촬영
de ...의, ...부터, ...에서
ma 나의 (여성 단수형)
famille n.f. 가족
ton 너의(남성 단수형)
frère n.m. 남자형제, 형, 남동생
petit(e) a. (키가)작은, (나이가) 어린
grand(e) a. (키, 치수) 큰, 높은
mais 그러나
gentil(le) a. 친절한, 상냥한
avoir 가지다, 가지고 있다
soeur n.f. 여자 형제, 언니, 여동생
joli(e) a. 예쁜, 귀여운
en plus 게다가, 더욱이
sociable a. 사교적인, 사회성이 좋은
mignon(ne) a. 귀여운
profession n.f. 직업
musicien(ne) n. 음악가

발음하기

■ 다음 대화문을 듣고 [ ] 안에 한국어 발음을 적어보세요.

Conversation 1

Paul	: Ce sont les photos de ma famille.
	[ ]
Soujin	: Wow ! Super ! C'est ton frère ?
	[ ]
Paul	: Oui, c'est mon petit frère.
	[ ]
Soujin	: Il est comment ?
	[ ]
Paul	: Il est grand et très gentil.
	[ ]

Conversation 2

Namsu	: Tu as des sœurs ?
	[ ]
Sylvie	: Oui, j'ai une sœur. Sophie, elle est étudiante.
	[ ]
Namsu	: Elle est jolie ?
	[ ]

Sylvie : Oui, et elle est grande. En plus, elle est sociable.

[ ]

Namsu : Moi, j'ai un frère. Il est petit mais mignon.

[ ]

Sylvie : Quelle est sa profession ?

[ ]

Namsu : Il est musicien.

[ ]

기본문법

1. 의문형용사

'어떤, 무슨, 어느, 몇' 등의 의문의 뜻을 나타내는 형용사로 항상 명사와 함께 쓰인다. 수식하는 명사의 성과 수에 형태를 일치시킨다.

(1) 형태

남성단수	여성단수	남성복수	여성복수
quel	quelle	quels	quelles

(2) 용법

1) 명사 앞에 놓여 명사를 수식한다.

ex) Quelle couleur aimes-tu ? 너는 어떤 색깔을 좋아하니?
Quel film regardez-vous ? 당신은 어떤 영화를 봅니까?

2) être 동사와 함께 속사로 쓰인다.

ex) Quel est ton prénom ? 너의 이름은 무엇이니?
Quelle est votre nationalité ? 당신의 국적은 무엇입니까?

3) 감탄 표현으로 쓰인다.

ex) Quelle chance ! 얼마나 운이 좋은지!
Quel courage ! 용기가 대단한데!

2. 소유형용사

명사 앞에서 그 명사의 소유 관계를 나타내는 형용사이다 .

(1) 형태

소유자	남성 단수	여성 단수	남성·여성 복수
나의	mon	ma	mes
너의	ton	ta	tes
그의 / 그녀의	son	sa	ses
우리들의	notre		nos
너희들의 / 당신(들)의	votre		vos
그들의 / 그녀들의	leur		leurs

(2) 용법

1) 소유형용사는 다음에 오는 명사의 성과 수에 일치시킨다.

ex) mon livre (n.m. 책) 나의 책
ta gomme (n.f. 지우개) 너의 지우개
ses crayons (n.m. 연필) 그/그녀의 연필들

2) 모음 또는 무음h로 시작하는 여성 단수 명사 앞에서 ma, ta, sa는 mon, ton, son 으로 바뀐다.

ex) ma amie (×) → mon amie 나의 친구(여자)
ta histoire (×) → ton histoire 너의 이야기
sa école (×) → son école 그/그녀의 학교

3. avoir 동사

3군 불규칙동사 avoir는 매우 중요한 동사이므로 반드시 암기해야 한다.

(1) 형태

avoir [아브와흐] ~을 가지다			
j'	ai	nous	avons
tu	as	vous	avez
il/elle	a	ils/elles	ont

(2) 용법

1) 소유 표현

ex) J'ai des amis. 나는 친구들이 있다.

Avez-vous des pommes ? 당신은 사과를 가지고 있습니까?

2) 나이 표현

ex) J'ai 20 ans. 나는 20살이다.

Ma mère a 40 ans. 나의 어머니는 40살이다.

4. 품질 형용사

형용사는 수식하는 명사나 대명사의 성과 수에 일치 시킨다. 형용사의 기본형은 남성형이며, 여성형은 다음과 같이 만든다.

(1) 여성형용사 만들기

원칙형	남성	여성
남성단수의 어미에 -e를 붙임	petit 작은 grand 큰	petite grande
남성단수의 어미가 -e일 때는 그대로 둠	aimable 사랑스러운 sociable 사회적인	aimable sociable

변칙형	남성	여성
-f → -ve -er → -ère -n → -nne -x → -se	actif 활동적인 premier 첫번째의 bon 좋은 heureux 행복한	active première bonne heureuse

ex) Elle est grande. 그녀는 키가 크다.
Il est actif et sociable. 그는 활동적이고 사교적이다.

(2) 복수형 만들기

1) 남성형용사 복수형

	단수	복수
원칙적으로 남성단수에 -s를 붙임	grand adorable	grands adorables
어미가 -s, -x로 끝나면 단수와 복수 형태가 동일	gris 회색의 heureux	gris heureux
어미가 -eau로 끝나면 -eaux로 함	beau 잘생긴 nouveau 새로운	beaux nouveaux

2) 여성형용사 복수형

예외 없이 모두 어미에 -s를 붙인다.

단수	복수
grande heureuse bonne	grandes heureuses bonnes

ex) Ils sont beaux. 그들은 잘생겼다.
Elles sont heureuses. 그녀들은 행복하다.

학습하기

1. 다음 빈 칸에 의문형용사를 3번 써보세요.

남성단수	
여성단수	
남성복수	
여성복수	

2. 다음 (   ) 안에 알맞은 의문형용사를 넣어보세요.

( ) chanteur aimes-tu ?	너는 어떤 가수를 좋아하니?
( ) fleurs aimez-vous ?	당신은 어떤 꽃들을 좋아합니까?
( ) est ton nom ?	너의 이름(성)은 무엇이니?
( ) est ta nationalité ?	너의 국적은 무엇이니?

3. 다음 빈 칸에 소유형용사를 3번 써보세요.

소유자	남성 단수	여성 단수	남성 • 여성 복수
나의			
너의			
그의/ 그녀의			
우리들의			
너희들의/ 당신(들)의			
그들의/ 그녀들의			

4. avoir 동사변화를 3번 써보세요.

je		nous	
tu		vous	
il		ils	
elle		elles	

5. 다음 (   ) 안에 알맞은 avoir 동사를 넣어보세요.

Nous ( ) un chat.	우리는 고양이 한 마리를 가지고 있다.
J'( ) des amis.	나는 친구들이 있다.
Ils ( ) des bonbons.	그들은 사탕을 가지고 있다.

6. 다음 형용사의 여성형을 써보세요.

joli 예쁜	
content 만족한	
honnête 정직한	
sportif 스포츠적인	
mignon 귀여운	
sérieux 진지한	
léger 가벼운	

7. 다음 형용사의 복수형을 써보세요.

petit 작은	
sociable 사교적인	
bonne 좋은	
sérieux 진지한	
gros 뚱뚱한	

* gros의 여성형은 grosse

8. 다음 (　) 안에 밑줄 친 의미의 형용사를 넣어보세요.

Il est (　　　　　　　　　).	그는 <u>잘 생겼다</u>.
Elle est (　　　　　　　　).	그녀는 <u>친절하다</u>.
Ils sont (　　　　　　　　).	그들은 <u>사랑스럽다</u>.
Vous avez un (　　　　　) chat.	당신은 <u>예쁜</u> 고양이 한 마리를 가지고 있다.
Nous avons une (　　　　) voiture.	우리는 <u>큰</u> 차 한대를 가지고 있다.

활용하기

【1】 대화문을 듣고 (　　) 안에 알맞은 말을 써보세요.

Paul　: Ce sont les photos de (　　　　　　　　　　) famille. Soujin : Ah, bon ? C'est ta (　　　　　　　　　　) ? Paul　: Oui, c'est ma (　　　　　　　　　　). Soujin : Elle est comment ? Paul　: Elle est (　　　　　　) et très (　　　　　　).

【2】 주어진 단어 중 알맞은 말을 찾아 (　　) 안에 넣고 읽어보세요.

active / étudiants / belle / elle est / ils sont / deux frères

Namsu : Tu as des frères ? Sylvie　: Oui, j'ai (　　　　　　). Ils sont (　　　　　　). Namsu : Ils sont gentils ? Sylvie　: Oui, (　　　　　　) très gentils. Et toi ? Namsu : J'ai une sœur. (　　　　　) (　　　　) et très (　　　　).

【3】 다음 문장을 프랑스어로 써보세요.

1. 나는 강아지 한 마리가 있어. → ____________________

2. 그녀는 귀여운 강아지 한 마리가 있다. →________________

3. 내 친구는 예쁘다. → ________________

4. 내 친구는 예쁘고 친절해. → ________________

【4】 다음 질문에 프랑스어로 대답해보세요.

1. A : Tu as des frères ?

   B : ________________

2. A : Ta sœur est comment ?

   B : ________________

3. A : Quelles fleurs aimez-vous?

   B : ________________

MEMO

연습문제

1. 다음 ( ) 안에 알맞은 소유형용사를 넣어보세요.

(1) ( ) gomme 너의 지우개
(2) ( ) table 그의 테이블
(3) ( ) livres 그들의 책들
(4) ( ) amie 나의 여자친구
(5) ( ) école 그녀의 학교
(6) ( ) histoire 그의 이야기
(7) ( ) étudiants 나의 학생들
(8) ( ) professeur 그의 선생님
(9) ( ) gâteau 그의 케이크
(10) ( ) père 우리들의 아버지

2. 다음 형용사를 여성형으로 바꿔보세요.

(1) facile →
(2) bon →
(3) heureux →
(4) content →
(5) actif →
(6) vert →
(7) libre →
(8) mignon →
(9) sociable →
(10) gentil →

3. 다음 단어의 복수형을 써 보세요.

(1) gris →
(2) voix →
(6) bonne →
(7) aimable →

(3) pays →

(4) nouveau →

(5) beau →

(8) grand →

(9) gentil →

(10) jolie →

4. avoir 동사를 알맞게 변형시켜 보세요.

(1) J' (   ) beaucoup d'amis.

(2) Nous (   ) des livres.

(3) Mes etudiants (   ) des bonbons.

(4) Tu (   ) une maison.

MEMO

더불어 알아두기

■ 가족 및 친척 , 친구

가족 및 친척		친구	
할아버지	un grand-père	친구(남자)	un ami
아버지	un père	친구, 동무, 애인(남자)	un copain
아들	un fils	동료, 동지, 급우(남자)	un camarade
형, 오빠, 남동생	un frère	애인, 연인(남자)	un petit ami
삼촌	un oncle	친구(여자)	une amie
사촌(남자)	un cousin	친구, 동무, 애인(여자)	une copine
할머니	une grand-mère	동료, 동지, 급우(여자)	une camarade
어머니	une mère	애인, 연인(여자)	une petite amie
딸	une fille		
누나, 언니, 여동생	une sœur		
이모, 고모	une tante		
사촌(여자)	une cousine		

■ **avoir** 동사와 관련된 표현

* 관사 없이 명사와 결합하여 쓰인다.

형태	의미	예
avoir ~ an(s)	나이가 ~살이다	J'ai 20 ans. 나는 20살이다.
avoir chaud	덥다	J'ai très chaud. 나는 무척 덥다.
avoir froid	춥다	As-tu froid maintenant ? 너는 지금 춥니?
avoir faim	배고프다	Nous avons faim. 우리는 배고프다.
avoir soif	목마르다	Je n'ai pas soif. 나는 목마르지 않다.
avoir raison	옳다	Est-ce que vous avez toujours raison ? 당신은 항상 옳습니까?
avoir tort	틀리다	Il n'a pas tort. 그는 틀리지 않았다.
avoir besoin de	~이 필요하다	J'ai besoin de 10 euros. 나는 10유로가 필요하다.

쉬어가기

파리의 주요관광지에 대하여 몇가지 알아볼까요?

1. 에펠탑 : 1889년 만국박람회때 프랑스 혁명 100주년을 기념하기 위해 세운 파리의 상징 건축물입니다.

2. 개선문 : 파리에는 에투알 개선문과 카루젤 개선문 두가지가 있어요. 일반적으로 흔히 부르는 개선문은 에투알 개선문입니다. 두가지 개선문 모두 나폴레옹 보나파르트 승전을 기념할 목적으로 완성되었답니다.

3. 콩코드 광장 : 파리 한가운데 위치해 있는 역사적인 광장으로 처음에는 루이 15세의 광장으로 불렸다가, 1789년 대혁명 이후에는 대혁명 광장으로 불린답니다. 루이 16세와 마리 앙투아네트는 이 장소에서 결혼하고, 이 장소에서 처형당했죠.

4. 노트르담 드 파리 대성당 : 고딕양식의 성당으로 국가 행사가 개최되는 프랑스의 대표적인 성당이예요. 1831년 프랑스의 작가 빅토르 위고가 쓴 소설 '노트르담의 꼽추'의 배경이 되기도 했죠.

MEMO

Leçon 5

J'ai mal au ventre.

나는 배가 아파요.

학습목표

조동사를 배우고 활용해보기

핵심문법

√ 준조동사

√ 정관사 축약

√ 수형용사

√ 목적보어 인칭대명사

듣기 / 읽기

■ 다음 대화문을 듣고 따라 읽어보세요.

Conversation 1

Namsu : Bonjour, comment ça va ?
Soujin : Ça va bien, et toi ?
Namsu : Moi, ça ne va pas bien.
Soujin : Pourquoi ?
Namsu : Parce que j'ai mal au ventre.
Soujin : Ah, bon ? Tu peux aller en cours ?
Namsu : Non, ce n'est pas possible.
Je veux rester à la maison.
Soujin : Je te donne des médicaments ?
Namsu : Non merci.

남수 : 안녕, 어떻게 지내?
수진 : 잘 지내, 그럼 너는?
남수 : 나, 나는 잘 못 지내.
수진 : 왜?
남수 : 왜냐하면 배가 아파.
수진 : 아, 그래? 강의에 갈 수 있겠니?
남수 : 아니, 불가능해.
집에 있어야겠어.
수진 : 약 줄까?
남수 : 아니 괜찮아.

Conversation 2

Soujin : Ça va ? Tu as encore mal au ventre ?

Namsu : Non, ça va bien.

Soujin : C'est très bien.

Namsu : Alors, tu peux aller au cinéma avec moi ?

Soujin : Je veux bien. À quelle heure ?

Namsu : À 6 heures.

Soujin : D'accord.

수진 : 괜찮니? 여전히 배가 아프니?

남수 : 아니, 괜찮아.

수진 : 잘 됐다.

남수 : 그러면, 나와 함께 영화관에 갈 수 있니?

수진 : 그래. 몇 시에?

남수 : 6시에.

수진 : 알았어.

Vocabulaire & Expressions

pourquoi 왜, 무엇 때문에

parce que 왜냐하면, ~ 이기때문에

mal n.m. 아픔, 고통

ventre n.m. 배, 복부

pouvoir ...할 수 있다

cours n.m. 수업, 강의, 강좌

possible 가능한, 할 수 있는

vouloir 바라다, 원하다

rester (같은 장소에)있다, 머무르다

maison n.f. 집, 주택

encore ad. 아직(도), 여전히

ne...plus 이제는 더 이상 ...않다

cinéma n.m. 영화, 영화관

avec ~와 함께, 같이

heure n.f. 시, 시간

d'accord 동의하다, 좋다

발음하기

■ 다음 녹음을 들으면서 [   ] 안에 한국어 발음을 적어보세요.

Conversation 1

Namsu : Bonjour, comment ça va ?

[   ]

Soujin : Ça va bien, et toi ?

[   ]

Namsu : Moi, ça ne va pas bien.

[   ]

Soujin : Pourquoi ?

[   ]

Namsu : Parce que j'ai mal au ventre.

[   ]

Soujin : Ah, bon ? Tu peux aller en cours ?

[   ]

Namsu : Non, ce n'est pas possible.

[   ]

Je veux rester à la maison.

[   ]

Soujin : Je te donne des médicaments ?

[   ]

Namsu : Non merci.

[   ]

Conversation 2

Soujin : Ça va ? Tu as encore mal au ventre ?

[ ] [ ]

Namsu : Non, ça va bien.

[ ]

Soujin : C'est très bien.

[ ]

Namsu : Alors, tu peux aller au cinéma avec moi ?

[ ]

Soujin : Je veux bien. À quelle heure ?

[ ] [ ]

Namsu : À 6 heures.

[ ]

Soujin : D'accord.

[ ]

기본문법

1. 준조동사

준조동사란 동사가 본래의 뜻을 떠나 다른 동사의 동사원형을 수반하면서 조동사처럼 쓰인 동사를 말한다. 자주 쓰이는 3개의 준조동사를 알아보자.

1) pouvoir +동사원형 : ~할 수 있다

2) vouloir +동사원형 : ~하고 싶다

3) devoir +동사원형 : ~해야만 한다

	pouvoir	**vouloir**	**devoir**
je(j')	peux	veux	dois
tu	peux	veux	dois
il/elle	peut	veut	doit
nous	pouvons	voulons	devons
vous	pouvez	voulez	devez
ils/elles	peuvent	veulent	doivent

ex) Je veux aller à Paris. 나는 파리에 가고 싶다.
Je dois travailler. 나는 일해야만 한다.
Tu peux chanter ? 너는 노래할 수 있니?

2. 정관사 축약

정관사는 전치사 à와 함께 사용될 때 다음과 같이 축약된다.

전치사+정관사	축약형태	예시
à + le	au (à l')	Je vais au cinéma. 나는 영화관에 간다. Je vais à l'hôpital. 나는 병원에 간다.

à + la	à la (à l')	Je vais à la bibliothèque. 나는 도서관에 간다. Je vais à l'école. 나는 학교에 간다.
à + les	aux	Je vais aux Champs-Elysées. 나는 샹젤리제에 간다.

3. 수형용사

수를 조합해서 만드는 17부터 99까지는 '-'를 표시하여 사용하며, 단 et가 들어갈 때는 '-'를 표시하지 않는다. 또한 21, 31, 41, 51, 61, 71에는 et를 표시하고, 앞 단어 끝의 자음과 연음되어 사용된다.

1	un(une)	11	onze	21	vingt et un
2	deux	12	douze	22	vingt-deux
3	trois	13	treize	23	vingt-trois
4	quatre	14	quatorze	24	vingt-quatre
5	cinq	15	quinze	25	vingt-cinq
6	six	16	seize	26	vingt-six
7	sept	17	dix-sept	27	vingt-sept
8	huit	18	dix-huit	28	vingt-huit
9	neuf	19	dix-neuf	29	vingt-neuf
10	dix	20	vingt	30	trente

31	trente et un	41	quarante et un	51	cinquante et un	61	soixante et un
32	trente-deux	42	quarante-deux	52	cinquante-deux	62	soixante-deux
39	trente-neuf	49	quarante-neuf	59	cinquante-neuf	69	soixante-neuf
40	quarante	50	cinquante	60	soixante	70	soixante-dix

71	soixante et onze	81	quatre-vingt-un	91	quatre-vingt-onze
72	soixante-douze	82	quatre-vingt-deux	92	quatre-vingt-douze
79	soixante-dix-neuf	89	quatre-vingt-neuf	99	quatre-vingt-dix-neuf
80	quatre-vingts	90	quatre-vingt-dix	100	cent

4. 목적보어 인칭대명사

목적 인칭대명사는 명사의 반복을 피하기 위해 사용되며, 전치사의 동반 여부에 따라 직접목적보어와 간접목적보어로 나뉘고, 원칙적으로 둘 다 동사 앞에 놓인다.

(1) 형태

<table>
<tr><th></th><th>1인칭단수</th><th>2인칭단수</th><th colspan="2">3인칭단수</th><th>1인칭복수</th><th>2인칭복수</th><th>3인칭복수</th></tr>
<tr><td>직접보어</td><td rowspan="2">me
(m')</td><td rowspan="2">te
(t')</td><td>le
(l')</td><td>la
(l')</td><td rowspan="2">nous</td><td rowspan="2">vous</td><td>les</td></tr>
<tr><td>간접보어</td><td colspan="2">lui</td><td>leur</td></tr>
</table>

* me, te, le, la 는 모음이나 무음 h 로 시작하는 단어 앞에서 m', t', l' 로 축약된다.

(2) 용법

앞에 나온 명사를 대신하며 항상 동사 앞에 위치한다.

ex) J'aime Paul. → Je l'aime. 나는 그를 좋아한다.
Il parle à Sylvie. → Il lui parle. 그는 그녀에게 말한다.
Je donne une pomme. → Je la donne. 나는 그것을 준다.
Je donne des livres à Sylvie. → Je lui donne des livres. 나는 그녀에게 책들을 준다.

학습하기

1. 다음 동사의 변화형을 써보고 읽어보세요.

<pouvoir>

	3번 쓰기
je(j')	
tu	
il/elle	
nous	
vous	
ils/elles	

<vouloir>

	3번 쓰기
je(j')	
tu	
il/elle	
nous	
vous	
ils/elles	

<devoir>

	3번 쓰기
je(j')	
tu	
il/elle	
nous	
vous	
ils/elles	

2. 다음 ( ) 안에 알맞은 정관사 축약을 넣어보세요.

au à l' à la aux

나는 호텔에 간다.	Je vais ( ) hôtel.
나는 은행에 간다.	Je vais ( ) banque.
나는 대학교에 간다.	Je vais ( ) université.
나는 슈퍼에 간다.	Je vais ( ) supermarché.

3. 다음 수를 프랑스어로 읽어보고 써보세요.

1		11		21	
2		12		30	
3		13		40	
4		14		50	
5		15		60	
6		16		70	
7		17		71	
8		18		81	
9		19		90	
10		20		100	

4. 다음 빈칸에 목적보어 인칭대명사를 넣고 읽어보세요.

	1인칭단수	2인칭단수	3인칭단수	1인칭복수	2인칭복수	3인칭복수
직접보어						
간접보어						

5. 다음 빈칸에 알맞은 목적보어 인칭대명사를 넣어보세요.

Je (　　　　) aime.	나는 너를 사랑해.
Tu (　　　　) donnes un café.	너는 나에게 커피 한잔을 준다.

MEMO

활용하기

【1】 대화문을 듣고 ( ) 안에 알맞은 말을 써보세요.

Namsu : Bonjour, comment ça va ?
Soujin : Moi, ça (   ) bien.
Namsu : (   ) ?
Soujin : (   ) j'ai mal (   ).
Namsu : Ah, bon ? Tu (   ) aller à l'hôpital ?
Soujin : Non, je (   ) (   ) à la maison. Je suis très fatiguée.

【2】 주어진 단어 중 알맞은 말을 찾아 ( ) 안에 넣고 읽어보세요.

encore / à quelle heure / avec / peux / ventre

Soujin : Ça va ? Tu as (   ) mal au (   ) ?
Namsu : Non, ça va bien.
Soujin : Alors, tu (   ) aller au téâtre (   ) moi ?
Namsu : (   ) ?
Soujin : À 13 heures.
Namsu : D'accord.

【3】 다음 문장을 프랑스어로 써보세요.

1. 너는 학교에 갈 수 있니? → ______________________________

2. 그녀는 너에게 책 한권을 준다. → ______________________________

3. 나는 너와 영화관에 가고 싶어. → ______________________________

4. 나는 배가 아프다. → ______________________________

【4】 다음 질문에 프랑스어로 대답해보세요.

1. A : Tu peux aller au concert de Joyce jonathan avec moi ?

B : ______________________________

2. A : Tu as des frères ?

B : ______________________________

3. A : Tu as encore mal à la tête ?

B : ______________________________

연습문제

1. 다음 (   ) 안에 알맞은 준조동사를 넣어보세요.

(1) Il (   ) une pizza. → vouloir

(2) Tu (   ) aller à l'hôpital. → devoir

(3) Je (   ) téléphoner à Paul. → pouvoir

(4) Elle (   ) étudier à la bibliothèque ? → devoir

2. (   ) 안에 알맞은 정관사 축약을 넣어보세요.

(1) Je vais (   ) maison.

(2) Tu vas (   ) supermaché.

(3) Il va (   ) école.

(4) Nous allons (   ) parc.

(5) Vous allez (   ) Champs-Elysées.

(6) Ils vont (   ) hôtel.

3. 다음 밑줄 친 단어를 목적보어 인칭대명사로 바꿔보세요.

(1) J'achète <u>une pomme.</u> → Je (   ) achète.

(2) Tu parles <u>à Soumi.</u> → Tu (   ) parles.

(3) Nous donnons <u>un livre.</u> → Nous (   ) donnons.

(4) Elle aime <u>Paul.</u> → Elle (   ) aime.

(5) Il achète <u>un livre et un cahier.</u> → Il (   ) achète.

4. 다음 (   ) 안에 제시한 숫자를 프랑스어로 써보세요.

(1) Il est (   ) heures. → 7시야.

(2) Il a (   ) ans. → 그는 20살이야.

(3) Est-ce que ton numéro de téléphone est (   ) ?

→ 너의 핸드폰 번호는 06.52.67.88.80 이니?

MEMO

더불어 알아두기

■ 신체명사

귀	l'oreille	양쪽 눈/눈 한쪽	les yeux/l'œil
코	le nez	등	le dos
입	la bouche	배	le ventre
목	le cou	손	la main
얼굴	le visage	발	le pied
혀	la langue	머리	la tête

■ '좋아하다'와 '싫어하다' 표현

좋아하다	aimer	J'aime beaucoup Paris. 나는 파리를 많이 좋아한다.
무척 좋아하다	adorer	J'adore le voyage. 나는 여행을 무척 좋아한다.
선호하다	préférer	Je préfère le sport. 나는 운동을 선호한다.
싫어하다	détester	Je déteste chanter. 나는 노래 부르는것이 끔찍이 싫다.

쉬어가기

프랑스의 대표적인 축제에 대하여 몇 가지 알아볼까요?

1. 바스티유 데이 : 바스티유 습격사건의 모티브가 되었던 7월 14일의 프랑스 혁명기념일을 축하하는 날이예요. 프랑스에서 가장 큰 축제이고 최대 국경일이죠. 군사 퍼레이드, 각종 축제, 콘서트 등 성대한 행사가 매년 펼쳐지고 있답니다.

2. 칸 영화제 : 매년 5월에 프랑스 칸에서 개최되는 행사로 베를린 국제영화제, 베네치아 영화제와 함께 '세계 3대 영화제'로 불리는 행사입니다. 칸 영화제 최고의 상은 황금종려상으로, 이상을 수상한다는 것은 작품성에 대한 권위를 인정받는다는 것이죠. 2019년 봉준호의 '기생충'이 대한민국 최초로 황금종려상을 수상했어요.

3. 니스 카니발 : 프랑스 니스에서 매년 2월 중순에 시작하는 카니발로 사순절 전날까지 2주간 열립니다. 카니발은 전세계 카톨릭 국가들을 중심으로 성대하게 펼쳐지는 그리스도의 축제예요. 각 해의 주제에 맞추어 제작한 대형 인물상 20여개가 주축을 이루는 카니발 퍼레이드와 2주 동안 밤낮을 가리지 않고 펼쳐지는 빛의 축제, 꽃마차 퍼레이드, 카니발 여왕 선발 대회 등 다양한 행사가 진행됩니다.

Leçon 6

Qu'est-ce que tu fais le week-end ?

너는 주말에 뭐하니 ?

학습목표

의문대명사를 배우고 활용해보기

핵심문법

√ 대명동사

√ 의문대명사

√ 전치사 + 국명

√ 3군 불규칙동사 lire, sortir

듣기 / 읽기

■ 다음 대화문을 듣고 따라 읽어보세요.

Conversation 1

Soujin : Tu aimes les films ?

Paul : Bien sûr, et toi ?

Soujin : Moi aussi, j'aime beaucoup.

Paul : Quel acteur aimes-tu ?

Soujin : J'adore Bernard Farcy.

Paul : Moi aussi, je l'aime bien.

Soujin : Il est beau, n'est-ce pas ?

Paul : C'est vrai.

수진 : 너 영화 좋아하니?

폴 : 그래, 그럼 너는?

수진 : 나도 또한, 많이 좋아해.

폴 : 너는 어떤 배우를 좋아하니?

수진 : 나는 베르나르 파시를 엄청 좋아해.

폴 : 나도 또한, 그를 매우 좋아해.

수진 : 그는 잘생겼어, 그렇지 않니?

폴 : 그래 맞아.

Conversation 2

Soujin : Qu'est-ce que tu fais le week-end ?

Paul : Le week-end, je me repose à la maison, et toi ?

Soujin : Moi, je lis ou je sors avec mes amis.

Paul : Tu aimes lire ?

Soujin : Oui, j'adore lire des romans.

Paul : Quels romans aimes-tu ?

Soujin : J'aime les Misérables. C'est célèbre en Corée !

수진 : 너는 주말에 뭐하니?

폴 : 주말에, 나는 집에서 휴식을 취해, 그럼 너는?

수진 : 나, 나는 책을 읽거나 친구들과 함께 외출을 해.

폴 : 너는 책 읽는 것을 좋아하니?

수진 : 응, 소설책 읽는 것을 아주 좋아해.

폴 : 너는 어떤 소설책을 좋아하니?

수진 : 나는 레 미제라블을 좋아해. 이것은 한국에서 유명해!

Vocabulaire & Expressions

film n.m. 영화
vrai a. 참된, 진실한, 진정한
n'est-ce pas ? 그렇지 않아요?, 그렇죠?
faire 하다, 만들다
peut-être ad. 아마, 어쩌면
week-end n.m. 주말
sortir (밖으로) 나가다, 외출하다
lire 읽다
roman n.m. 소설
célèbre a. 유명한, 저명한

발음하기

■ 다음 대화문을 듣고 [ ] 안에 한국어 발음을 적어보세요.

Conversation 1

Soujin : Tu aimes les films ?

[ ]

Paul : Bien sûr, et toi ?

[ ]

Soujin : Moi aussi, j'aime beaucoup.

[ ]

Paul : Quel acteur aimes-tu ?

[ ]

Soujin : J'adore Bernard Farcy.

[ ]

Paul : Moi aussi, je l'aime bien.

[ ]

Soujin : Il est beau, n'est-ce pas ?

[ ]

Paul : C'est vrai.

[ ]

Conversation 2

Soumi : Qu'est-ce que tu fais le week-end ?

[ ]

Paul : Le week-end, je me repose à la maison, et toi ?

[ ]

Soumi : Moi, je lis ou je sors avec mes amis.

[ ]

Paul : Tu aimes lire ?

[ ]

Soumi : Oui, j'adore lire des romans.

[ ]

Paul : Quels romans aimes-tu ?

[ ]

Soumi : J'aime les Misérables. C'est célèbre en Corée !

[ ] [ ]

기본문법

1. 대명동사

대명동사는 재귀인칭대명사를 동반하는 동사로, 주어 자신에 행위가 미치게 되는 동사를 말한다. se는 주어의 인칭과 수에 따라 변화한다.

(1) 형태

se lever [스 르베] 일어나다			
je tu il/elle	me lève te lèves se lève	nous vous ils/elles	nous levons vous levez se lèvent

(2) 용법

대명동사의 대표적인 용법 2가지는 다음과 같다.

1) 재귀적 대명동사 : 주어가 행하는 동작이 주어 자신으로 되돌아가는 경우이다.

ex) Paul se couche à 11 heures. 폴은 11시에 잠자리에 든다.
Elle s'appelle Sylvie. 그녀의 이름은 실비이다.

2) 상호적 대명동사 : 주어가 행한 동작이 서로에게 미치는 경우로, 주어는 항상 복수이다.

ex) Ils se regardent. 그들은 서로 바라본다.
Ells s'aiment. 그녀들은 서로 좋아한다.

2. 의문대명사 : **que**와 **qu'est-ce que**

사물에 대해 묻는 의문사로 뜻은 '무엇'이다. 의문사 que 또는 그 뒤에 질문할 때 사용하는 est-ce que를 합쳐 qu'est-ce que의 두 가지 경우로 사용할 수 있다. que를 사용할 때는 주어와 동사를 도치한다(que + 동사 + 주어).

(1) 형태

	속사/목적어
단일형	que
중복형	qu'est-ce que

(2) 용법

1) 속사 역할을 한다.

ex) Qu'est-ce que c'est ? 이것은 무엇입니까?

2) 직접목적보어 역할을 한다.

ex) Que cherchez-vous ? = Qu'est-ce que vous cherchez ? 당신은 무엇을 찾으세요?
Que manges-tu ? = Qu'est-ce que tu manges ? 너는 무엇을 먹니?

3. 전치사 + 국가명

'~에(서)'라는 국가 지명을 표현할 때 국가명의 성에 따라 다른 전치사를 사용하므로 주의해야 한다.

en + 여성국가명 / 모음으로 시작하는 남성 국가명	en France, en Corée, en Iran
au + 남성 국가명	au Canada, au Japon
aux + 복수형 국가명	aux États-Unis

ex) Je vais en France. 나는 프랑스에 간다.
Elle travaille au Japon. 그녀는 일본에서 일한다.

4. 3군 불규칙동사 : lire, sortir

lire [리흐] 읽다			
je	lis	nous	lisons
tu	lis	vous	lisez
il/elle	lit	ils/elles	lisent

ex) Mon enfant lit toujours. 내 아이는 항상 책을 읽는다.
Vous lisez le journal tous les matins. 당신은 매일 아침 신문을 읽는다.

sortir [쏘흐띠흐] 외출하다			
je	sors	nous	sortons
tu	sors	vous	sortez
il/elle	sort	ils/elles	sortent

ex) Je sors avec lui. 나는 그와 함께 외출한다.
Elle sort de la maison à 5 heures. 그녀는 5시에 집에서 나온다.

학습하기

1. 다음 대명동사의 변화형을 3번 써보고 읽어보세요.

	se lever		
je(j')			
tu			
il/elle			
nous			
vous			
ils/elles			

	se laver	
je(j')		
tu		
il/elle		
nous		
vous		
ils/elles		

	s'appeller	
je(j')		
tu		
il/elle		
nous		
vous		
ils/elles		

2. 다음 (　) 안에 대명동사를 넣어보세요.

Elles (　　　　　). → s'aimer	그녀들은 서로 좋아한다.
Elle (　　　　　) les mains. → se laver	그녀는 손을 씻는다.
Tu (　　　　　) à la maison. → se reposer	너는 집에서 쉰다.

3. 다음 (　) 안에 알맞은 의문대명사를 넣어보세요.

(　　　　　) tu aimes ?	너는 무엇을 좋아하니?
(　　　　　)'aimes-tu ?	너는 무엇을 좋아하니?
(　　　　　) tu regrdes ?	너는 무엇을 보니?
(　　　　　) regardes-tu ?	너는 무엇을 보니?

4. 다음 (　) 안에 알맞은 전치사를 넣어보세요.

(　　　　　) Chine	중국에서
(　　　　　) Angleterre	영국에서
(　　　　　) Mexique	멕시코에서
(　　　　　) États-Unis	미국에서

5. 다음 동사변화형을 3번 써보고 읽어보세요.

	lire		
je(j')			
tu			
il/elle			
nous			
vous			
ils/elles			

	sortir		
je(j')			
tu			
il/elle			
nous			
vous			
ils/elles			

6. 다음 ( ) 안에 알맞은 동사를 넣어보세요.

Il ( ) un roman tous les jours.	그는 매일 소설을 읽는다.
Elle ( ) souvent avec son ami.	그녀는 그녀의 친구와 자주 외출한다.

활용하기

【1】 대화문을 듣고 (　) 안에 알맞은 말을 써보세요.

Soujin : Qu'est-ce que tu fais ( ) ?

Paul : Je ( ) un film à la maison.

Soujin : Tu aimes les films ?

Paul : Oui, j'( ) beaucoup. Et toi, qu'est-ce que tu fais ( ) ?

Soujin : Moi, je ( ) avec mes amis.

On va au ( ) pour ( ).

【2】 주어진 단어 중 알맞은 말을 찾아 (　) 안에 넣고 읽어보세요.

les romans / en France / surtout / aujourd'hui / me repose / le français

Soujin : Qu'est-ce que tu fais ( ) ?

Paul : Je ( ) à la maison, et toi ?

Soujin : Moi, j'étudie ( ).

Paul : Tu aimes le français ?

Soujin : Oui, ( ), j'adore ( ) français.

Je veux aller ( ) un jour.

Paul : Super !

【3】 다음 문장을 프랑스어로 써보세요.

(1) 당신은 주말에 당신의 친구들과 외출합니까? → ______________________

(2) 나는 책 읽는 것을 좋아해. → ______________________

(3) 그녀는 프랑스에서 매우 유명해. → ______________________

【4】 다음 질문에 프랑스어로 대답해보세요.

1. A : Qu'est-ce que tu fais aujourd'hui ?

B : ______________________

2. A : Tu aimes les films ?

B : ______________________

3. A : Qu'est-ce que tu fais le week-end ?

B : ______________________

연습문제

1. 다음 (   ) 안에 알맞은 동사를 넣어보세요.

(1) Je (   ) à 6 heures. → se lever

(2) Elle (   ) à 11 heures. → se coucher

(3) Ils (   ) tous les jours. → se laver

(4) Elles (   ) beaucoup. → s'aimer

2. 다음 (   ) 안에 의문대명사 que 또는 qu'est-ce que를 넣어보세요.

(1) (   ) c'est ? 이것은 무엇입니까?

(2) (   ) aimes-tu ? 너는 무엇을 좋아하니?

(3) (   ) cherchez-vous ? 당신은 무엇을 찾으세요?

(4) (   ) lisez-vous ? 당신은 무엇을 읽어요?

3. 다음 (   ) 안에 알맞은 전치사를 넣어보세요.

(1) Je vais (   ) France.

(2) Il ne veut pas aller (   ) Mexique.

(3) Elle veut aller (   ) États-Unis.

(4) Dois-tu aller (   ) Japon ?

(5) Sont-ils (   ) Corée ?

4. 다음 (   ) 안에 알맞은 3군 불규칙동사를 변화시켜 보세요.

(1) Nous (   ) des romans français. → lire

(2) Est-ce que vous (   ) avec votre ami ? → sortir

(3) Je (   ) au Japon. → partir

(4) Lui, il (   ) un magazine. → lire

MEMO

더불어 알아두기

■ **faire와 jouer 동사를 활용한 표현**

faire	faire les courses 시장보다	Ma mère fait les courses tous les jours. 나의 엄마는 매일 시장을 본다.
	faire la cuisine 요리하다	Elle fait bien la cuisine. 그녀는 요리를 잘한다.
	faire un voyage 여행하다	Je fais un voyage en France. 나는 프랑스를 여행한다.
	faire + du, de la, de l', des + 운동명 : ~ 운동을 하다	Il fait du ski. 그는 스키 탄다. Je fais de la natation. 나는 수영한다.
jouer	jouer à + 운동명 : ~ 운동을 하다 jouer de + 악기명 : ~ 악기를 연주하다	Mon ami joue bien au tennis. 내 친구는 테니스를 잘 친다. Je joue du piano avec mon ami. 나는 내 친구와 피아노를 친다.

쉬어가기

프랑스의 대표적인 음식 몇 가지에 대하여 알아볼까요?

1. 푸아그라 : '살찐 간' 이라는 뜻으로 프랑스 북동부의 알자스와 남부 페리고르 지방의 특산품이예요. 크리스마스 등 명절에 주로 먹으며, 굽거나, 토스트 위에 얇게 발라서 먹어요.

2. 에스카르고 : '달팽이'라는 뜻으로 달팽이를 데친 것에 마늘, 버터를 많이 넣어 구운 음식이예요. 와인으로 유명한 지역의 달팽이가 맛이 좋은 것으로 알려져 있어서, 부르고뉴와 샹파뉴 지방의 에스카르고가 최고로 꼽히고 있죠.

3. 샤토브리앙 : 19세기 프랑스의 귀족이면서 작가였던 샤토브리앙의 이름에서 따온 음식명이예요. 소에서 가장 고급 부위인 안심 중에서도 가장 부드러운 부분으로 아주 살짝 익힌 음식이예요.

4. 라타투이 : 프로방스 지방에서 즐겨먹는 전통적인 야채 스튜요리로 니스에서 유래한 음식이예요. 원래는 가난한 농부의 음식으로 신선한 제철 채소를 가지고 만들죠. 토마토, 피망, 가지, 양파, 호박, 마늘 등 여러 가지 채소와 허브를 넣어 올리브유에 볶아 만든 음식이예요.

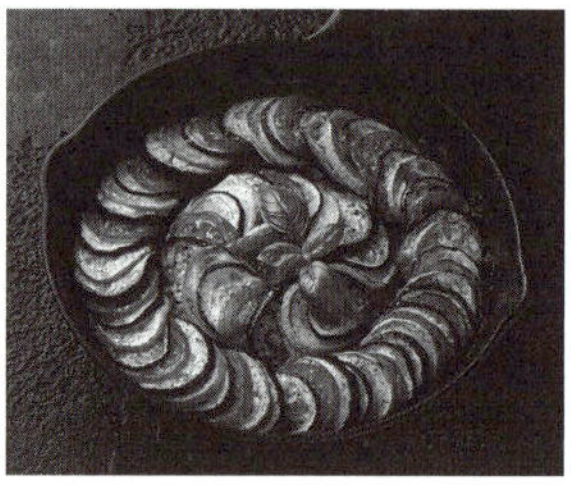

Leçon 7

Où vas-tu ?

너 어디 가니?

학습목표

의문부사를 배우고 활용해보기

핵심문법

√ 부분관사

√ 근접미래

√ 의문부사

√ 지시형용사

√ 3군 불규칙동사 faire, venir

듣기 / 읽기

■ 다음 대화문을 듣고 따라 읽어보세요.

Conversation 1

Paul : Salut !
Soujin : Salut ! Où vas-tu ?
Paul : Je vais au supermarché.
Soujin : Qu'est-ce que tu vas acheter ?
Paul : Je vais acheter du beurre et de la confiture.
Soujin : Moi aussi, je dois acheter du fromage là-bas.
Paul : Ah, bon ? On y va ensemble.
Soujin : D'accord.

폴 : 안녕!
수진 : 안녕! 너 어디 가니?
폴 : 슈퍼마켓에 가.
수진 : 무엇을 살거니?
폴 : 버터와 잼을 살거야.
수진 : 나도 또한, 거기서 치즈를 사야하는데.
폴 : 아, 그래? 같이 가자.
수진 : 알았어.

Conversation 2

Sylvie : Qu'est-ce que tu vas faire ce soir ?

Soujin : Je vais aller au marché avec Paul.

Sylvie : Qu'est ce-que tu vas acheter ?

Soujin : Je vais acheter des fruits et des légumes.

Sylvie : Moi aussi, je dois acheter des fruits.

Soujin : C'est très bien. Tu viens avec nous ?

Sylvie : D'accord.

실비 : 오늘 저녁 너는 뭐 할 거니?

수진 : 폴과 함께 시장에 갈 거야.

실비 : 무엇을 살거니?

수진 : 나는 과일과 야채를 살 거야.

실비 : 나도 또한, 과일을 사야해.

수진 : 잘됐다. 우리와 함께 갈래?

실비 : 알았어.

Vocabulaire & Expressions

où ad. 어디에, 어디로
supermarché n.m. 슈퍼마켓
acheter 사다
beurre n.m. 버터
confiture n.f. 잼
devoir ...해야(만) 한다
là-bas 저기(에)
fromage n.m. 치즈
ensemble ad. 함께, 같이
soir n.m. 저녁
marché n.m. 시장, 장터
fruit n.m.(보통 복수로 씀)과일
légume n.m.(보통 복수로 씀)채소

발음하기

■ 다음 대화문을 듣고 [ ] 안에 한국어 발음을 적어보세요.

Conversation 1

Paul : Salut !

[ ]

Soujin : Salut! Où vas-tu ?

[ ]

Paul : Je vais au supermarché.

[ ]

Soujin : Qu'est-ce que tu vas acheter ?

[ ]

Paul : Je vais acheter du beurre et de la confiture.

[ ]

Soujin : Moi aussi, je dois acheter du fromage là-bas.

[ ]

Paul : Ah, bon ? On y va ensemble.

[ ]

Soujin : D'accord.

[ ]

Conversation 2

Sylvie : Qu'est-ce que tu vas faire ce soir ?

[ ]

Soujin : Je vais aller au marché avec Paul.

[ ]

Sylvie : Qu'est ce-que tu vas acheter ?

[ ]

Soujin : Je vais acheter des fruits et des légumes.

[ ]

Sylvie : Moi aussi, je dois acheter des fruits.

[ ]

Soujin : C'est très bien. Tu viens avec nous ?

[ ] [ ]

Sylvie : D'accord.

[ ]

기본문법

1. 부분관사

전체 중에서 부분적이고 셀 수 없는 분량을 가리키는 명사 앞에 사용한다.

(1) 형태

남성단수	여성단수	남성•여성 복수
du (de l')	de la (de l')	des

* du, de la는 + 모음 또는 무음 h로 시작되는 단수 명사 앞에서 de l'로 축약된다.

ex) du argent → de l'argent 돈
de la énergie → de l'énergie 에너지

(2) 용법

1) 셀 수 없는 물질 명사 앞에서 '약간의', '얼마간의' 의미로 사용된다.

ex) J'achète du fromage. 나는 약간의 치즈를 산다.
Ma mère achète des fruits. 나의 어머니는 과일을 산다.

2) 추상명사 앞에서 '어느 정도의' 의미로 사용된다.

ex) Tu as du courage ! 너는 용기가 있다!
Elle a de la chance ! 그녀는 운이 있다!

2. 근접미래

(1) 형태

aller +동사원형 : ~ 할 예정이다

(2) 용법

1) 즉각 벌어질 일을 강조한다.

ex) Je vais arriver à l'université. 나는 대학에 곧 도착할 것이다.
Il va manger du pain. 그는 빵을 곧 먹을 것이다.

2) 가까운 시일에 이루고 싶은 계획을 표현할 때도 사용한다.

ex) Je vais voyager en France. 나는 프랑스로 여행을 떠날 것이다.
Tu vas rester au Japon. 너는 일본에 머무를 것이다.

3. 의문부사

1) où : 장소에 관한 것을 물을 때 사용한다.

ex) Où habites-tu ? 너는 어디 사니?
Où étudiez-vous ? 당신은 어디에서 공부하십니까?

2) quand : 시간이나 기간에 관한 것을 물을 때 사용한다.

ex) Quand partez-vous ? 당신은 언제 떠나십니까?
Quand viens-tu chez-moi ? 너는 언제 우리집에 오니?

3) pourquoi : 이유에 관한 것을 물을 때 사용한다.

ex) Pourquoi pleures-tu ? 너는 왜 우니?
Pourquoi travaillez-vous ? 당신은 왜 일을 하십니까?

4) combien : 수량에 관한 것을 물을 때 사용한다.

ex) Combien êtes-vous ? 몇 명이십니까?
Combien de livres as-tu ? 너는 몇권의 책을 가지고 있니?

* 명사와 함께 쓰일 때는 de로 연결

5) comment : 방법이나 형태에 관한 것을 물을 때 사용한다.

ex) Comment allez-vous ? 당신은 어떻게 지내십니까?
Comment allez-vous en France ? 당신은 프랑스에 어떻게 갑니까?

4. 지시형용사

(1) 형태

남성단수	여성단수	남성 여성 복수
ce (cet)	cette	ces

모음이나 무음 h로 시작하는 남성단수명사 앞에서 ce → cet로 바뀐다.

ex) cet homme 이 남자 cet ordinateur 그 컴퓨터

(2) 용법

1) 지시형용사는 공간 속에 있는 대상을 가리킬 때 사용한다.

ex) cette fille 이 소녀 ces pommes 저 사과들

2) 시간을 나타내는 명사 앞에서 현재와 가까운 시간을 나타낸다.

ex) ce matin 오늘 아침 cet après-midi 오늘 오후 ce soir 오늘 저녁

5. 3군 불규칙동사 **faire, venir**

faire [페흐] 하다, 만들다			
je	fais	nous	faisons[fəzɔ̃]*프종
tu	fais	vous	faites
il/elle	fait	ils/elles	font

ex) Je fais du sport. 나는 운동을 한다.

Ma mère fait un gâteau. 나의 어머니는 케익을 만든다.

venir [브니흐] 오다			
je	viens	nous	venons
tu	viens	vous	venez
il/elle	vient	ils/elles	viennent

ex) Elle vient chez moi. 그녀는 내집에 온다.

Vous venez avec vos amis à 6 heures ?

당신은 당신의 친구들과 함께 6시에 옵니까?

MEMO

학습하기

1. 다음 (   ) 안에 부분관사를 넣어보세요.

남성단수		여성단수		남성·여성 복수	
( ) café	커피	( ) salade	샐러드	( ) légumes	야채들
( ) beurre	버터	( ) viande	고기		
( ) argent	돈	( )'eau	물		

2. 다음 (   ) 안에 알맞은 근접미래를 넣어보세요.

Je ( ) ( ) du pain avec de la confiture.	나는 잼과 함께 빵을 먹을 것이다.
Elle ( ) ( ) en Corée.	그녀는 한국에서 살 예정이다.

3. 다음에 해당하는 의문부사를 3번 써보고 읽어보세요.

장소 : 어디	
때 : 언제	
이유 : 왜	
수량 : 몇	
양태/방법 : 어떻게	

4. 다음 (   ) 안에 알맞은 의문부사를 넣어보세요.

그녀는 어디 가니?	( ) va-t*-elle ? *주어와 동사가 도치될 때 모음 충돌을 피하기 위해 't' 삽입
그 사람 어때?	Il est ( ) ? (구어표현)
당신은 몇 명의 형제들이 있나요?	( ) frères avez-vous ?
너는 왜 레스토랑에 가니?	( ) vas-tu au restaurant ?

5. 다음 지시형용사를 3번 써보세요.

ce	
cet	
cette	
ces	

6. 다음 (   ) 안에 알맞은 지시형용사를 넣어보세요.

( ) arbre	이 나무
( ) crayon	저 연필
( ) maison	저 집
( ) crayons	저 연필들
( ) semaine	이번 주

7. 다음 변화형을 3번 써보고 읽어보세요.

faire			
je(j')			
tu			
il/elle			
nous			
vous			
ils/elles			

venir			
je(j')			
tu			
il/elle			
nous			
vous			
ils/elles			

활용하기

【1】 대화문을 듣고 (　) 안에 알맞은 말을 써보세요.

Paul　: Salut !
Soujin : Salut ! Qu'est-ce que tu (　　　　) ce matin ?
Paul　: Je vais (　　　　). Et toi ?
Soujin : Je vais aller (　　　　) avec ma famille.
Paul　: Qu'est-ce que tu (　　　　) ?
Soujin : Je (　　　　) de la viande là-bas.
Paul　: Ah, bon ? On y va (　　　　).
Soujin : D'accord.

【2】 주어진 단어 중 알맞은 말을 찾아 (　) 안에 넣고 읽어보세요.

dois acheter / avec moi / d'accord / où vas-tu / au marché / des fruits

Sylvie : (　　　　) ?
Soujin : Je vais (　　　　) devant la poste.
Sylvie : Qu'est ce-que tu vas acheter ?
Soujin : Je vais acheter des pommes et (　　　　).
Sylvie : Moi aussi, je (　　　　) des fruits.
Soujin : C'est très bien. Tu viens (　　　　) ?
Sylvie : (　　　　).

【3】 다음 문장을 프랑스어로 써보세요.

1. 너는 어디에서 공부하니? → ______________________________

2. 그들은 버터와 잼을 산다. → ______________________________

3. 오늘 저녁, 나는 슈퍼마켓에 갈 거야. (근접미래로) →

____

【4】 다음 질문에 프랑스어로 대답해보세요.

1. A : Où vas-tu ?
   B : ______________________________

2. A : Qu'est ce-que tu vas acheter ?
   B : ______________________________

3. A : Qu'est-ce que tu vas faire ce soir ?
   B : ______________________________

연습문제

1. (   ) 안에 알맞은 부분관사를 넣어보세요.

(1) Est-ce que vous avez (   ) argent ?

(2) (   ) eau, s'il vous plaît !

(3) Tu veux (   ) café ?

(4) Je mange (   ) fruits.

(5) Vous avez (   ) courage !

2. (   ) 안에 의문부사를 알맞게 넣으세요.

(1) (   ) vas-tu ? 어디 가?

(2) (   ) partez-vous ? 언제 떠나시나요?

(3) (   ) d'enfants avez-vous ? 자제분들이 어떻게 되세요?

(4) (   ) partez-vous ? 당신은 왜 떠나나요?

(5) Elle est (   ) ? 그녀는 어때?

3. 다음 문장을 근접미래로 바꿔보세요.

(1) Tu travailles au café. → ______________________________

(2) Je fais mes devoirs. → ____________________

(3) Nous arrivons à l'école. → ____________________

(4) Il va au parc. → ____________________

4. (　　) 안에 알맞은 지시 형용사를 넣어보세요.

(1) (　　　　　　　) homme est beau.

(2) (　　　　　　　) matin, je fais du sport.

(3) Elles ont (　　　　　　　) livres.

(4) (　　　　　　　) table est petite.

(5) (　　　　　　　) arbre est joli.

5. 다음 동사를 알맞게 변형시켜 (　　) 안에 써보세요.

(1) J' (　　　　　　　) des fruits. → acheter

(2) Qu'est-ce qu'elles (　　　　　　　) ? → faire

(3) Tu (　　　　　　　) avec nous ? → venir

(4) À quelle heure (　　　　　　　)-vous ici ? → venir

(5) Nous (　　　　　　　) un gâteau. → faire

더불어 알아두기

■ 위치 표현

~ 위에	sur	Un livre est sur la table. 책은 테이블 위에 있다.
~ 아래에	sous	Une fleur est sous la table. 꽃은 테이블 아래에 있다.
~ 앞에	devant	La poste est devant la banque. 우체국은 은행 앞에 있다.
~ 안에	dans	Il est dans ma chambre. 그는 나의 방 안에 있다.
~ 뒤에	derrière	L'école est derrière le cinéma. 학교는 영화관 뒤에 있다.
~ 와 ~ 사이에	entre ~ et	Le chien est entre la chaise et le lit. 강아지는 의자와 침대 사이에 있다.
~ 옆에	à côté de	Il est à côté de mon ami. 그는 내 친구 옆에 있다.
~ 근처에	près de	L'hôpital est près de la maison. 병원은 집 가까이에 있다.
~ 멀리에	loin de	L'université est loin de la bibliothèque. 대학교는 도서관 멀리에 있다.
~ 오른쪽에	à droite	Le jardin est à droite de la maison. 정원은 집 오른쪽에 있다.
~ 왼쪽에	à gauche	La boulangerie est à gauche de l'arrêt de bus. 빵집은 버스정류장 왼쪽에 있다.

쉬어가기

프랑스의 대표 음식인 포도주와 치즈에 대하여 알아볼까요?

1. 포도주 : 프랑스 포도주는 로마가 지배한 시기부터 재배가 시작되었어요. 나폴레옹 3세 시절부터 프랑스 정부에 의해 포도 재배 및 등급을 엄격히 규제하여 현재까지 세계 최고의 포도주가 생산되고 있어요. 일반적으로 적포도주는 고기와 치즈에 어울리고, 백포도주는 해물요리에 어울립니다. 보르도, 부르고뉴, 알자스, 르와르, 프로방스, 론, 샹파뉴 등 지역별로 특성이 다른 포도주를 생산하고 있어요.

2. 치즈 : 로마시대 때부터 프랑스는 품질이 가장 좋은 치즈를 생산해 내는 국가 중 하나로 현재 300여종이 넘는 치즈가 존재합니다. 나폴레옹이 사랑한 치즈 '카망베르', 치즈의 왕이라고 불리는 '브리', 프랑스 사람들에게 가장 친숙한 '콩테' 등 다양한 종류의 치즈가 있어요.

MEMO

Leçon 8

Quel temps fait-il ?
날씨가 어때요?

학습목표

비인칭 구문을 배우고 활용해보기

핵심문법

√ 비인칭 구문

√ 명령문

√ 근접과거

√ 2군 규칙동사

듣기 / 읽기

■ 대화문을 듣고 따라 읽어보세요.

Conversation 1

Sylvie : Quel temps fait-il au printemps en Corée ?

Namsu : Il fait doux.

Sylvie : Ah, bon ? Et en été, il fait très chaud ?

Namsu : Oui, il fait chaud et humide.

Sylvie : Oh là là ! Mais en automne, il fait frais ?

Namsu : Bien sûr, il fait beau et très agréable.
Par contre en hiver, il fait froid et il neige beaucoup.

실비 : 한국에 봄 날씨 어떠니?

남수 : 따뜻해.

실비 : 아, 그래? 여름에는, 아주 덥니?

남수 : 응, 덥고 습해.

실비 : 어머! 그럼 가을에는, 날씨가 선선하니?

남수 : 물론이지, 날씨가 좋고 매우 쾌적해.
반면에 겨울에는, 춥고 눈이 많이 와.

Conversation 2

Paul : Regarde ! Il neige !

Soujin : On va faire du ski ?

Paul : Non, ce n'est pas possible. Je dois finir mes devoirs.

Soujin : Oh là là .... Tu n'as pas encore fini ?

Moi, je viens de finir mes devoirs. Tant pis !

Paul : Tu peux proposer ça à Namsu ?

Soujin : D'accord !

폴 : 봐! 눈이 온다!

수진 : 우리 스키 탈까?

폴 : 안돼, 불가능해. 내 숙제를 끝내야 하거든.

수진 : 어머... 아직이야?

나, 나는 방금 내 숙제를 끝냈는데. 할 수 없지 뭐!

폴 : 남수에게 이것에 대해 제안해 볼래?

수진 : 알겠어!

Vocabulaire & Expressions

temps n.m. 시간, 때, 기간

printemps n.m. 봄

doux(ce) a. (날씨·기후가) 온화한

été n.m. 여름

chaud(e) a. 따뜻한, 더운

devoir n.m. 숙제, 과제

humide a. 습한, 습도가 높은

proposer 제안하다

Tant pis ! 낭패로군!, 할 수 없다!, 딱한 일이다!

automne n.m. 가을

frais(îche) a. 서늘한, 시원한

hiver n.m. 겨울

froid(e) a. 차가운, 추운

neiger 눈이 오다

regarder 보다, 바라보다

ski n.m. 스키

finir 끝내다, 마치다

발음하기

■ 다음 대화문은 듣고 [ ]안에 한국어 발음을 적어보세요.

Conversation 1

Sylvie : Quel temps fait-il au printemps en Corée ?
[ ]
Namsu : Il fait doux.
[ ]
Sylvie : Ah, bon ? Et en été, il fait très chaud ?
[ ]
Namsu : Oui, il fait chaud et humide.
[ ]
Sylvie : Oh là là ! Mais en automne, il fait frais ?
[ ]
Namsu : Bien sûr, il fait beau et très agréable.
[ ]
Par contre en hiver, il fait froid et il neige beaucoup.
[ ]

Conversation 2

Paul : Regarde ! Il neige !

[ ]

Soumi : On va faire du ski ?

[ ]

Paul : Non, ce n'est pas possible. Je dois finir mes devoirs.

[ ] [ ]

Soumi : Oh là là .... Tu n'as pas encore fini ?

[ ]

Moi, je viens de finir mes devoirs. Tant pis !

[ ] [ ]

Paul : Tu peux proposer ça à Namsu ?

[ ]

Soumi : D'accord !

[ ]

기본문법

1. 비인칭 구문

비인칭 구문이란 형식상의 주어일 뿐 아무런 뜻이 없는 비인칭대명사 'Il'과 3 인칭 단수형태의 동사로 구성된 구문을 말한다.

(1) 기후·날씨 표현

1) 비인칭 동사

ex) pleuvoir → Il pleut. 비가 내린다.

neiger → Il neige. 눈이 내린다.

2) faire 동사

Quel temps fait-il ? 날씨가 어때요?

→ Il fait + 형용사 : 날씨가 ~하다.

Quelle temps fait-il ?	
Il fait beau.	날씨가 좋다.
Il fait mauvais.	날씨가 나쁘다.
Il fait chaud.	날씨가 덥다.
Il fait frais.	날씨가 시원/선선하다.
Il fait froid.	날씨가 춥다.

(2) 시간 표현

Quelle heure est-il ? (= Vous avez l'heure ? / Tu as l'heure ?) 몇 시예요?

→ Il est + 시간 : ~ 시 이다.

Quelle heure est-il ?	
Il est deux heures.	두시입니다.
Il est trois heures et demie.	세시 삼십분입니다.
Il est dix heures et quart.	열시 십오분입니다.
Il est six heures moins le quart.	여섯시 십오분 전입니다.
Il est midi.	낮 열두시입니다.
Il est minuit.	밤 열두시입니다.

2. 명령문

2인칭 단수, 복수 그리고 1인칭 복수에 해당하는 현재형에서 주어를 생략하여 사용하며 2인칭 단수의 어미가 -es인 경우 s를 뗀다.

	fermer	finir	sortir
tu	ferme	finis	sors
nous	fermons	finissons	sortons
vous	fermez	finissez	sortez

ex) Ferme la porte ! 문을 닫아라!
Finissez votre devoir ! 당신의 숙제를 끝내세요!
Sors ! 나가!

3. 근접과거

(1) 형태

venir + de + 동사원형 : 방금 ~ 하다

(2) 용법

1) 가까운 과거에 이루어진 행위를 표현한다.

ex) Je viens d'arriver à Séoul. 나는 방금 전에 서울에 도착하였다.
Elle vient de rester ici. 그녀는 방금 전에 여기에 머물렀었다.

2) 일어난 일의 시간을 분명하게 표현하지 않는다.

ex) Je viens de manger. 나는 방금 전에 먹었다.
Tu viens de boire un coca. 너는 방금 전에 콜라 한잔을 마셨다.

4. 2군 규칙 동사

2군 규칙 동사는 어미 -ir을 없애고 그 자리에 인칭에 따라, -is/ -is/ -it/ -issons/ -issez/ -issent를 붙여 동사를 변화시킨다.

finir [피니흐] 마치다			
je (j')	finis	nous	finissons
tu	finis	vous	finissez
il/elle	finit	ils/elles	finissent

ex) Je finis mes devoirs. 나는 내 숙제를 끝낸다.
Nous finissons notre travail. 우리는 방금 전에 우리의 일을 마친다.

학습하기

1. 다음 날씨 표현을 읽으면서 써보세요.

	3번 쓰기
Il fait beau.	
Il fait mauvais.	
Il fait chaud.	
Il fait frais.	
Il fait froid.	

2. 다음 시간을 프랑스어로 써보고 읽어보세요

3 : 00 (낮)	
5 : 30 (낮)	
12 : 30 (밤)	

3. 다음 동사의 명령형을 3번 써보고 읽어보세요.

	parler
tu	
nous	
vous	

	finir
tu	
nous	
vous	

	sortir
tu	
nous	
vous	

4. 다음 ( ) 안에 밑줄 친 부분에 해당하는 동사의 명령형을 써보세요.

크게 말해!	( ) très fort !
이 책을 선택하세요!	( ) ce livre !
카페에 갑시다!	( ) au café !

5. 다음 ( ) 안에 알맞은 근접과거를 넣어보세요.

Il ( ) une voiture.	그는 얼마 전에 차 한 대를 샀다.
Le bus ( ).	버스는 방금 출발했다.

6. 2군 규칙동사 어미를 3번 써보세요.

je	
tu	
il/elle	
nous	
vous	
ils/elles	

7. 다음 2군 규칙동사의 변화형을 써보세요.

choisir			
je(j')		nous	
tu		vous	
il/elle		ils/elles	

8. 다음 ( ) 안에 2군 규칙동사를 넣어보세요.

Je ( ) mes devoirs.	나는 나의 숙제를 끝낸다.
Il ( ) un appartement.	그는 아파트를 고른다.
Nous ( ) notre repas.	우리는 우리의 식사를 끝낸다.

MEMO

활용하기

【1】 대화문을 듣고 (　) 안에 알맞은 말을 써보세요.

Sylvie : (　　　　　　　) aujourd'hui ?

Namsu : Il fait (　　　　　).

Sylvie : C'est bien. On va faire (　　　　　　) ?

Namsu : Non, ce n'est pas (　　　　). Je dois aller (　　　　).

J'ai (　　　　) au ventre.

Sylvie : Oh là là ! (　　　　　) !

Je (　　　　　　　) ça à Soujin. Ne (　　　　　　) pas.

【2】 주어진 단어 중 알맞은 말을 찾아 (　) 안에 넣고 읽어보세요.

alors / en automne / aussi / il fait / mon pays / agréable

Paul : Quel temps fait-il (　　　　　　　　) à Paris ?

Soujin : (　　　　　　) frais. En Corée (　　　　　　　) ?

Paul : Bien sûr, il fait beau et très (　　　　　　　　).

(　　　　　　　　), quel temps fait-il en été à Paris ?

Soujin : Il fait très chaud.

Paul : Dans (　　　　　　　) aussi, il fait chaud et humide.

【3】 다음 문장을 프랑스어로 써보세요.

1. 날씨가 어떻습니까? → ______________________________

2. 에펠탑을 봐! → ______________________________

3. 나는 방금 숙제를 끝냈다.→ ______________________________

【4】 다음 질문에 프랑스어로 대답해보세요.

1. A : Quel temps fait-il en été en Corée ?

   B : ______________________________

2. A : On va faire du sport ?

   B : ______________________________

3. A : Quel temps fait-il aujourd'hui ?

   B : ______________________________

연습문제

1. 다음 (　) 안에 밑줄 친 단어의 명령형을 써보세요.

(1) (　　　　　　　　　) la porte ! 문을 닫자!

(2) (　　　　　　　　　) à l'école ! 학교에 가세요!

(3) (　　　　　　　　　) du pain ! 빵 먹어!

(4) (　　　　　　　　　) ! 들어오세요!

2. 다음 문장을 근접과거로 바꿔보세요.

(1) Elle achète une jupe. →

(2) Je finis mon travail. →

(3) Elles arrivent à Paris. →

(4) Nous mangeons du pain. →

3. 다음 (　) 안에 알맞은 비인칭 동사를 써보세요.

(1) Il (　　　　　　　　　　　). → 비가 온다.

(2) Il (　　　　　　　　　　　). → 날씨가 좋다.

(3) Il (　　　　　　　　　　　) midi. → 낮 12시다.

(4) Il (　　　　　　　　　　　) beaucoup. → 눈이 많이 내린다.

4. 다음 ( ) 안에 알맞은 동사를 넣어보세요.

(1) Il ( ) ses devoirs. → finir

(2) Eux, ils ( ) ce film.→ choisir

(3) Nous ( ) nos repas. → finir

(4) Je ( ) le cours de français. → choisir

MEMO

더불어 알아두기

■ 계절 표현

봄	여름	가을	겨울
le printemps	l'été	l'automne	l'hiver

■ 달 표현

1월	2월	3월	4월	5월	6월
janvier	février	mars	avril	mai	juin
7월	8월	9월	10월	11월	12월
juillet	août	septembre	octobre	novembre	décembre

■ 요일 표현

월요일	화요일	수요일	목요일	금요일	토요일	일요일
lundi	mardi	mercredi	jeudi	vendredi	samedi	dimanche

■ 날짜와 요일을 묻는 표현

1. Quelle est la date d'aujourd'hui ? 오늘은 며칠입니까?
   → Nous sommes le 3 Mai. 5월 3일입니다.

2. Quel jour sommes-nous aujourd'hui ? 오늘은 무슨 요일입니까?
   → Nous sommes dimanche. 일요일입니다.

쉬어가기

프랑스의 레스토랑에 대해서 알아볼까요?

프랑스어로 레스토랑은 < restaurer : 음식으로 원기를 회복하다 >라는 어원을 가지고 있어요. 프랑스의 레스토랑은 Bistro[비스트로 : 작고 아담하며 평범하게 꾸민 서민 레스토랑], Brasserie[브라스리 : 비스트로보다는 규모가 크고 저녁에는 주로 맥주를 취급하는 대중적인 가게], Salon de thé[살롱 드 떼 : 다방이나 제과점을 합친 일종의 찻집] 등 매우 다양한 종류로 구분되어 있어요.

프랑스 식당은 등급과 요리의 종류, 가격 등이 다양하게 세분화되어 있어서 본인의 취향대로 레스토랑을 고를 수 있는데, Michelin Guide[미슐렝 가이드 : 전세계의 레스토랑을 심사해서 요리와 서비스의 수준에 따라 별을 달아 주며, 별 3개 이상부터는 시상을 함] 를 이용하면 유용합니다.

Leçon 9

Qu'est-ce que tu as fait hier ?

너는 어제 뭐했니?

학습목표

복합과거를 배우고 활용해보기

핵심문법

√ 복합과거

√ 3군 불규칙동사 prendre

듣기 / 읽기

■ 다음 대화문을 듣고 따라 읽어보세요.

Conversation 1

Paul : Qu'est-ce que tu as fait hier ?
Soujin : Je suis allée au cinéma avec mes amis. Et toi ?
Paul : Moi, j'ai travaillé à la bibliothèque.
Soujin : Tu es libre aujourd'hui ?
Paul : Pourquoi ?
Soujin : Je veux t'inviter dans un restaurant.

폴 : 너는 어제 뭐했니?
수진 : 나는 내 친구들과 함께 영화관에 갔었어. 그럼 너는?
폴 : 나, 나는 도서관에서 공부했어.
수진 : 너는 오늘 시간 있니?
폴 : 왜?
수진 : 너를 레스토랑에 초대하고 싶어서.

Conversation 2

Serveur : Bonjour, qu'est-ce que vous désirez ?
Soujin : Comme entrée, deux salades de tomates, s'il vous plaît.
Serveur : Et comme plat ?
Soujin : Pour moi, un plat du jour, s'il vous plaît.
Paul : Je prends le poisson, s'il vous plaît.

Serveur : Et comme boisson ?

Paul : Un verre de vin blanc et un coca, s'il vous plaît.

Serveur : Voulez-vous du fromage ou un dessert ?

Soujin : Un gâteau au chocolat, s'il vous plaît.

Paul : Moi... un café, s'il vous plaît.

Serveur : Très bien, merci.

종업원 : 안녕하세요, 무엇을 원하세요?

수진 : 전식으로, 토마토 샐러드 두 개, 주세요.

종업원 : 본 요리는요?

수진 : 저는, 오늘의 요리, 주세요.

폴 : 저는 생선요리 주세요.

종업원 : 음료는요 ?

폴 : 화이트 포도주 한잔과 콜라, 주세요.

종업원 : 치즈 또는 디저트를 원하세요?

수진 : 쵸콜릿 케이크, 주세요.

폴 : 저는... 커피, 주세요.

종업원 : 잘 알겠습니다, 감사합니다.

Vocabulaire & Expressions

hier ad. 어제
bibliothèque n.f. 도서관
libre a. 자유로운, 한가로운
inviter 초대하다
restaurant n.m. 식당, 레스토랑
désirer 원하다, 바라다
comme ...로서, ..에 관해서
entrée n.f. 전식
salade n.f. 샐러드
s'il vous plaît 제발, 부디, 미안하지만
plat n.m. 요리
possion n.m. 생선
boisson n.f. 음료, 주류
vin n.m. 포도주, 와인
coca n.m. 콜라
dessert n.m. 디저트
fromage n.m. 치즈

발음하기

■ 다음 녹음을 들으면서 [ ] 안에 한국어 발음을 적어보세요.

Conversation 1

Paul : Qu'est-ce que tu as fait hier ?
[ ]
Soumi : Je suis allée au cinéma avec mes amis. Et toi ?
[ ]
Paul : Moi, j'ai travaillé à la bibliothèque.
[ ]
Soumi : Tu es libre aujourd'hui ?
[ ]
Paul : Pourquoi ?
[ ]
Soumi : Je veux t'inviter dans un restaurant.
[ ]

Conversation 2

Serveur : Bonjour, qu'est-ce que vous désirez ?
[ ]
Soumi : Comme entrée, deux salades de tomates, s'il vous plaît.
[ ]

Serveur : Et comme plat ?

[ ]

Soumi : Pour moi, un plat du jour, s'il vous plaît.

[ ]

Paul : Je prends le poisson, s'il vous plaît.

[ ]

Serveur : Et comme boisson ?

[ ]

Paul : Un verre de vin blanc et un coca, s'il vous plaît.

[ ]

Serveur : Voulez-vous du fromage ou un dessert ?

[ ]

Soumi : Un gâteau au chocolat, s'il vous plaît.

[ ]

Paul : Moi... un café, s'il vous plaît.

[ ]

Serveur : Très bien, merci.

[ ]

기본문법

1. 복합과거

복합과거는 과거시제 가운데 가장 빈번히 사용되는 시제로, 완전히 지나간 과거의 일시적 행위나 동작, 과거의 완료된 행위를 나타낸다.

(1) 형태

avoir/ être + 본동사의 과거분사

(2) 과거분사의 형태

동사	과거분사 형태	예시
1군 규칙동사	-er 을 없애고 어간 + -é	aimer → aimé regarder → regardé
2군 규칙동사	ir을 없애고 어간 + -i	choisir → choisi finir → fini
3군 불규칙동사	불규칙동사의 과거분사는 동사변화표를 보고 따로 암기	être → été, avoir → eu lire → lu, prendre → pris faire → fait, venir → venu

(3) 용법

1) avoir + 과거분사 : 모든 타동사와 대부분의 자동사는 avoir를 조동사로 취한다.

ex) J'ai habité en France. 나는 프랑스에서 살았었다.

Ma mère a acheté une belle robe. 나의 어머니는 예쁜 원피스를 사셨다.

2) être + 과거분사 : 주로 장소 이동을 나타내는 동사들을 비롯한 일부 자동사와 대명동사는 être를 조동사로 취한다. 이때 과거분사는 주어의 성과 수에 일치한다.

ex) Elle est sortie à 6 heures. 그녀는 6시에 외출하였다.
Ils sont allés en France l'année dernière. 그들은 작년에 프랑스에 갔다.

* **être**를 조동사로 취하는 동사 15개를 알아두면 유용하다.

naître(né), aller(allé), monter(monté), entrer(entré), sortir(sorti), arriver(arrivé) rester(resté), tourner(tourné), venir(venu), passer(passé), partir(parti), descendre (descendu), tomber(tombé), mourir(mort), devenir(devenu)

3) 부정문 : 부정문은 ne ~ pas를 조동사의 앞과 뒤에 놓아 만든다.

ex) Je n'ai pas choisi un pantalon. 나는 바지를 고르지 않았다.
Elle n'est pas partie avec son amie. 그녀는 그녀의 친구와 떠나지 않았다.

2. 3군 불규칙동사

prendre [프헝드르] 먹다, 마시다, 타다			
je(j')	prends	nous	prenons
tu	prends	vous	prenez
il/elle	prend	ils/elles	prennent

ex) Je prends du café. 나는 커피를 마신다.
Nous prenons le train. 우리는 기차를 탄다.

학습하기

1. 다음 동사의 복합과거형을 넣어보세요.

manger		
	avoir	manger의 과거분사
je(j')		
tu		
il/elle		
nous		
vous		
ils/elles		

finir		
	avoir	finir의 과거분사
je(j')		
tu		
il/elle		
nous		
vous		
ils/elles		

2. 다음 동사의 복합과거형을 넣어보세요.

sortir		
	être	sortir 과거분사
je(j')		

tu		
il/elle		
nous		
vous		
ils/elles		

3. 다음 ( ) 안에 알맞은 복합과거를 넣어보세요.

당신은 집 한 채를 가졌었다.	Vous ( ) ( ) une maison.
그는 그의 숙제를 마쳤다.	Il ( ) ( ) ses devoirs.
그들은 6시에 영화관에 갔다.	Ils ( ) ( ) au cinéma à 6 heures.
그녀가 나의 집에 왔다.	Elle ( ) ( ) chez moi.

4. 다음 동사의 변화형을 3번 써보고 읽어보세요.

	prendre		
je(j')			
tu			
il/elle			
nous			
vous			
ils/elles			

활용하기

【1】 대화문을 듣고 (   ) 안에 알맞은 말을 써보세요.

Paul : Qu'est-ce que tu as fait (   ) ?
Soujin : Je (   ) au concert de Zaz avec mes amis. Et toi ?
Paul : Moi, (   ) à l'école.
Soujin : Tu (   ) ce (   ) ?
Paul : Pourquoi ?
Soujin : Je (   ) chez moi.

【2】 주어진 단어 중 알맞은 말을 찾아 (   ) 안에 넣고 읽어보세요.

non merci / vous voulez / qu'est-ce que / comme entrée
un jus d'orange / un plat du jour

Serveur : Bonjour, (   ) vous désirez ?
Soujin : (   ), une salade, s'il vous plaît.
Serveur : Et comme plat ?
Soujin : Je prends (   ), s'il vous plaît.
Serveur : Et comme boisson ?
Paul : (   ), s'il vous plaît.
Serveur : Et (   ) du dessert ?
Soujin : (   ).
Serveur : Très bien.

【3】 다음 문장을 프랑스어로 써보세요.

1. 너는 어제 무엇을 했니? → ______________________________

2. 그는 그의 친구들을 집에 초대했다. → ______________________________

3. 그녀는 도서관에 7시에 도착했어. → ______________________________

【4】 다음 질문에 프랑스어로 대답해보세요.

1. A : Qu'est-ce que tu as fait hier ?
   B : ______________________________

2. A : Voulez-vous du dessert ?
   B : ______________________________

3. A : Tu es libre ce dimanche ?
   B : ______________________________

연습문제

1. 다음 동사에 해당하는 과거분사를 써보세요.

(1) avoir →
(2) être →
(3) prendre →
(4) partir →
(5) finir →
(6) lire →
(7) faire →
(8) venir →
(9) habiter →
(10) vouloir →

2. 다음 문장을 복합과거로 바꿔보세요.

(1) Elle a un enfant. →
(2) Je mange une pomme. →
(3) Il parle à Paul. →
(4) Tu finis ton cours. →
(5) Il lit un roman. →
(6) Il est à Séoul. →

3. 다음 문장을 복합과거로 바꿔보세요.

(1) Nous allons à l'école. →

(2) Elle sort tous les jours. →

(3) Ils arrivent à 7 heures. →

4. prendre 동사를 알맞게 변형시켜 ( ) 안에 써보세요.

(1) Je ( ) du café avec ma sœur.

(2) Tu ( ) le métro.

(3) Il ( ) le déjeuner avec sa famille.

(4) Nous ( ) le bus.

(5) Ils ( ) du jus d'orange.

MEMO

더불어 알아두기

■ 음식

해산물	les fruits de mer	달팽이	les escargots
거위 간	le foie gras	소고기	le bœuf
고기	la viande	돼지고기	le porc
생선	le poisson	닭고기	le poulet

■ 음료

커피	le café	맥주	la bière
차	le thé	물	l'eau
콜라	le coca	포도주	le vin
과일쥬스	le jus de fruits		

■ 디저트

사과파이	la tarte aux pommes
쵸콜릿 케이크	le gâteau au chocolat
바닐라 아이스크림	la glace à la vanille
마카롱 과자	le macaron

쉬어가기

프랑스의 대표적인 디저트 몇가지에 대하여 알아볼까요?

1. 마카롱 : 아몬드 가루와 설탕을 넣어 만든 쿠키에 크림을 넣어 만든 고급 디저트예요. 1862년 루이 에른스트 라뒤레가 명품 디저트 가게 '라뒤헤'를 오픈했죠. 그 이후에 이곳의 수석 파티쉐인 '피에르 에르메'가 따로 나와 런칭하였고, 현재 두 곳 모두 샹젤리제 거리의 디저트 맛집으로 자리잡고 있답니다.

2. 크렘 브륄레 : 프랑스의 국민 디저트로 불릴 만큼 프랑스의 어느 레스토랑에서도 쉽게 찾아 볼 수 있는 디저트예요. 차가운 커스터드 크림 위에 설탕을 구워 녹여 깨먹는 재미가 있어요. 프랑스의 영화 '아멜리에', '리틀 포레스트' 등에서 영화의 한 장면으로 나와 한국에서도 많이 유명해졌지요.

3. 크레이프 : 프랑스어로 얇은 팬케이크라고 해요. 일반적으로 잼이나 설탕 등을 넣어 돌돌 말아서 먹지요. 또는 다양한 고기와 치즈 및 야채를 넣어 식사 대용으로도 먹기도 합니다.

Leçon 10

Je voyagerai en Europe.

나는 유럽을 여행할 거예요.

학습목표

미래형 표현을 배우고 활용해보기

핵심문법

√ 단순미래

√ 중성대명사

√ 전치사 + 교통수단

듣기 / 읽기

■ 대화문을 듣고 따라 읽어보세요.

Conversation 1

Sylvie : Les vacances d'été arrivent bientôt.
Namsou : Oui, c'est vrai.
Sylvie : Qu'est-ce que tu vas faire pendant ces vacances ?
Namsou : Je retournerai en Corée.
Sylvie : Tu y resteras pendant longtemps ?
Namsou : Non. Après, je voyagerai en Europe. Et toi ?
Sylvie : Moi, je partirai aux États-Unis pour étudier l'anglais.

실비 : 곧 여름방학이네.
남수 : 응, 맞아.
실비 : 방학 동안에 너는 무엇을 할거니?
남수 : 나는 한국으로 돌아갈거야.
실비 : 너는 거기에 오래동안 머무를거니?
남수 : 아니. 이후에 나는 유럽을 여행 할거야. 너는?
실비 : 나, 나는 영어공부를 하러 미국에 갈거야.

Conversation 2

Paul : La semaine prochaine, j'irai faire du ski dans les Alpes.
Tu veux venir avec moi ?

Soujin : C'est dommage. J'ai déjà rendez-vous avec mes amis.
Je voyagerai avec eux à Lyon.

Paul : Comment y aller ? En train ? ou En avion ?

Soujin : Nous irons en TGV.

Paul : Bon voyage !

폴 : 다음 주에, 나는 알프스로 스키타러 갈거야.
너도 나와 함께 갈래?

수진 : 유감이네(어쩌지). 나는 이미 내 친구들과 약속이 있어.
나는 그들과 함께 리옹에 여행할거야.

폴 : 거기에 어떻게 갈거야? 기차로? 그렇지 않으면 비행기로?

수진 : 우리는 고속기차로 갈거야.

폴 : 좋은 여행이 되길 바래!

Vocabulaire & Expressions

vacances n.f. 방학, 휴가(보통 복수로 씀)
arriver 도착하다, 이르다
pendant ...동안(에)
retourner 돌아오다, 되돌아오다
voir 보다, 만나다
longtemps ad. 오래, 오랫동안
voyager 여행하다
Europe n.f. 유럽
partir 출발하다, 떠나다
semaine n.f. 주, 1주간
Alpes n.f. 알프스 산맥(보통 복수로 씀)
dommage n.m. 유감스러운 일
déjà ad. 이미, 벌써
rendez-vous n.m. 약속
avion n.m. 비행기
train n.m. 기차

발음하기

■ 대화문을 듣고 [ ] 안에 한국어 발음을 적어보세요.

Conversation 1

Sylvie : Les vacances d'été arrivent bientôt.

[ ]

Namsou : Oui, c'est vrai.

[ ]

Sylvie : Qu'est-ce que tu vas faire pendant ces vacances ?

[ ]

Namsou : Je retournerai en Corée.

[ ]

Sylvie : Tu y resteras pendant longtemps ?

[ ]

Namsou : Non. Après, je voyagerai en Europe. Et toi ?

[ ]

Sylvie : Moi, je partirai aux États-Unis pour étudier l'anglais.

[ ]

Conversation 2

Paul : La semaine prochaine, j'irai faire du ski dans les Alpes.

[ ]

Tu veux venir avec moi ?

[ ]

Soumi : C'est dommage. J'ai déjà rendez-vous avec mes amis.

[ ]

Je voyagerai avec eux à Lyon.

[ ]

Paul : Comment y aller ? En train ? ou En avion ?

[ ]

Soumi : Nous irons en TGV.

[ ]

Paul : Bon voyage !

[ ]

기본문법

1. 단순미래

(1) 형태

1) 몇몇 동사를 제외하고 동사원형을 어간으로 하여, 미래형 어미를 붙여 미래 시제를 만든다. (단, 원형의 어미가 -re 인 경우는 e를 탈락 시킨다.)

je	-ai	nous	-ons
tu	-as	vous	-ez
il/elle	-a	ils/elles	-ont

2) 미래형의 어간이 완전히 달라지는 불규칙 변화형은 따로 암기해야 한다. 몇 가지 예를 들어보면 다음과 같다.

être	je serai	voir	je verrai
avoir	j'aurai	aller	j'irai
faire	je ferai	venir	je viendrai

(2) 용법

1) 미래에 할 일 또는 이루어질 일을 표현한다.

ex) Il arrivera au bureau à 7 heures. 그는 사무실에 7시에 도착할 것이다.
Je finirai mon travail jusqu'à demain. 나는 내일까지 내 일을 끝낼 것이다.

2) 명령형 대신 어조를 부드럽게 할 때 사용한다.

ex) Tu resteras avant minuit. 너는 자정 전에 돌아오렴.

Vous fermerez la fenêtre. 창문을 닫으세요.

3) 현재에 대한 추측으로 쓰인다.

ex) Il sera encore en Corée. 그는 아직 한국에 있을 것이다.
Elle est absente. Elle sera toujours malade.
그녀는 결석이다. 그녀는 여전히 아픈가 보다.

2. 중성 대명사 y

중성대명사는 '전치사 à (또는 sur, dans, en…) + 명사'를 대신하는 대명사로 성과 수의 변화 없이 동사 앞에 쓴다.

ex) A : Tu vas à l'école ? 너는 학교에 가니?
B : Oui, j'y vais. 응, 나는 거기에 가.

A : Elle est à la maison ? 그녀는 집에 있어요?
B : Non, elle n'y est pas. 아니요. 그녀는 거기에 없어요.

3. 교통수단 앞에 붙는 전치사

en + 비를 피할 수 있는 교통수단		**à** + 비를 피할 수 없는 교통수단	
en autobus	버스로	à cheval	말을 타고
en bateau	배로	à moto	오토바이를 타고
en métro	지하철로	à vélo	자전거로
en train	기차로	à pied	걸어서
en voiture	자동차로		
en avion	비행기		

ex) Je vais en France en bateau. 나는 배를 타고 프랑스에 간다.
Elle va à l'école à pied. 그녀는 걸어서 학교에 간다.

학습하기

1. 다음 주어 인칭에 해당하는 단순미래 미래형 어미를 써보세요.

5번 쓰기	
je	
tu	
il/elle	
nous	
vous	
ils/elles	

2. 다음 동사를 미래형으로 변화시켜 보세요.

aimer			
je(j')		nous	
tu		vous	
il/elle		ils/elles	

choisir			
je(j')		nous	
tu		vous	
il/elle		ils/elles	

3. 다음 ( ) 안에 알맞은 미래형을 넣어보세요.

나의 남동생은 15살이 될 것이다.	Mon frère ( ) 15 ans. → avoir
당신은 문을 닫아 주실래요.	Vous ( ) la porte. → fermer
그녀는 아직 프랑스에서 살고있을 것이다.	Elle ( ) encore en France. → habiter

4. 다음 ( ) 안에 알맞은 말을 넣어볼까요?

A : Tu viens au restaurant ? 너 레스토랑에 올래?	B : Oui, ( ) 알았어, 그곳에 갈게.
A : Il est au café ? 그는 커피숍에 있나요?	B : Non, ( ) 아니요, 그는 거기에 없어요.

5. 다음 ( ) 안에 알맞은 전치사를 넣어보세요.

Je vais à l'école ( ) pied.	나는 걸어서 학교에 간다.
Nous allons à Paris ( ) avion.	우리는 파리에 비행기로 간다.

활용하기

【1】 대화문을 듣고 (　) 안에 알맞은 말을 써보세요.

Sylvie　: Les vacances d'hiver arrivent (　　　　　　　　).
Namsou : Oui, c'est vrai.
Sylvie　: Qu'est-ce que (　　　　　　　　) pendant les vacances ?
Namsou : (　　　　　　　　) en France.
Sylvie　: Tu y (　　　　　　　　) pendant longtemps ?
Namsou : Oui, je (　　　　　　　　) pendant six mois.
Sylvie　: Super !

【2】 주어진 단어 중 알맞은 말을 찾아 (　) 안에 넣고 읽어보세요.

comment y aller / irons / rendez-vous / voyagerai / j'irai
qu'est-ce que / c'est dommage

Paul　: (　　　　　　　　) tu vas faire la semaine proochaine ?
Soujin : Pourquoi ?
Paul　: (　　　　) au restaurant français. Tu veux venir avec moi ?
Soujin : (　　　　). J'ai déjà (　　　　) avec ma famille.
Je (　　　　) avec eux à la campagne.
Paul　: (　　　　　　) ? En voiture ? ou En train ?
Soujin : Nous (　　　　) en TGV.
Paul　: Bon voyage !

【3】 다음 문장을 프랑스어로 써보세요.

1. 그는 거기에서 일한다. (중성대명사를 넣어) → ______________________

2. 나는 프랑스로 여행을 떠날 거야. → ______________________

3. 우리는 TGV로 리옹에 갈 거야. → ______________________

【4】 다음 질문에 프랑스어로 대답해보세요.

1. A : Qu'est-ce que tu vas faire la semaine prochaine ?
   B : ______________________

2. A : Qu'est-ce que tu vas faire pendant les vacances ?
   B : ______________________

3. A : Je voyagerai avec ma famille en France.
   B : ______________________

MEMO

연습문제

1. 다음 동사의 미래형을 써보세요

(1) être → Je (　　　　　　)
(2) avoir → J' (　　　　　　)
(3) faire → Je (　　　　　　)
(4) aller → J' (　　　　　　)
(5) venir → Je (　　　　　　)
(6) habiter → J' (　　　　　　)
(7) lire → Je (　　　　　　)
(8) finir → Je (　　　　　　)
(9) partir → Je (　　　　　　)
(10) sortir → Je (　　　　　　)

2. 다음 문장을 단순미래로 바꿔보세요.

(1) Je chante cette chanson. →
(2) Il est à Paris. →
(3) Elle va à l'école. →
(4) Vous faites la cuisine. →
(5) J'ai une voiture. →

3. 다음 밑줄 친 단어를 중성 대명사로 바꿔보세요.

(1) Elle pense <u>à sa maison.</u> →
(2) Je vais <u>à Paris.</u> →
(3) Tu montes <u>dans le bus</u>. →
(4) Il rentre <u>à la maison.</u> →
(5) Nous arrivons <u>en Corée.</u> →

더불어 알아두기

■ 색깔 표현

흰색	blanc(he)	검정색	noir(e)
파란색	bleu(e)	노란색	jaune
오렌지색	orange	분홍색	rose
빨강색	rouge	초록색	vert(e)
보라색	violet(te)	밤색	marron
회색	gris(e)	황금색	blond(e)

■ 색깔을 사용하여 만들어진 단어

1) **carte bleue :** 신용카드

2) **carte orange :** 유효기간 내에 지하철, 버스, **RER**의 대중교통을 무제한 이용하는 카드

3) **carte grise :** 자동차 등록증

쉬어가기

프랑스의 대표적인 교통수단 몇가지에 대하여 알아볼까요?

1. 고속기차(TGV) : 국영철도 회사 SNCF에서 운영하는 열차로, 철도 왕국이라고 불리는 프랑스에서 가장 자랑하는 교통수단이예요. 빠르고 흔들림이 적고 승차감이 뛰어나 유럽의 주변 국가를 여행할 때 유용하게 이용하는 교통수단 중 하나랍니다.

2. 트람(Tramway) : 이것은 지상에 설치된 궤도를 따라 달리는 '전차'예요. 파리의 외곽이나 지방에서 현재까지도 매우 유용하게 이용되는 교통수단이죠. 전차길이 따로 있기 때문에 길이 막히지 않는 장점이 있어서, 프랑스 사람들이 아직까지도 선호하는 교통수단이랍니다.

3. 수도권 고속전철(RER) : 프랑스 광역 급행 열차인 RER은 파리와 파리 주변을 연결하는 '고속교외지하철'이예요. 파리시내를 관통하는 지하철과 기존에 있던 지선 철도를 통합하여 만든 A-E까지 총 5개의 노선으로 되어 있답니다. 목적지가 같은 열차가 같은 승강장을 사용하고 있기 때문에 열차 안내판의 목적지에 불이 켜지는 것을 확인하고 탑승하여야 한다는 점 잊지 마세요.

MEMO

정답 및 해석

1과

[활용하기]··· p28

【1】

Professeur : Sylvie, (comment) vas-tu ?
선생님 : 실비, 어떻게 지내요?
Sylvie : Je (vais) très bien, merci. Et (vous) ?
실비 : 저는 매우 잘 지내요, 고마워요. 그런데 당신은요?
Professeur : (Moi aussi), très bien.
선생님 : 저도 또한, 아주 잘 지내요.

Paul : Comment (t'appelles)-tu ?
폴 : 너는 이름이 뭐니?
Soujin : Je (m'appelle) Soujin, et (toi) ?
수진 : 나는 수진이야, 그럼 너는?
Paul : Moi, je (m'appelle) Paul.
폴 : 나, 나는 폴이야.

【2】

Madame : Bonjour, monsieur.
부인: 안녕하세요, 아저씨.
Monsieur : Bonjour, madame.
아저씨 : 안녕하세요, 부인.
Madame : Comment allez-vous ?
부인 : 어떻게 지내세요?
Monsieur : Pas mal, (merci).
아저씨 : 나쁘지않아요, 고마워요.
Et vous, vous (allez) bien ?
그럼 당신은요, 당신은 잘 지내요?
Madame : Oui, (très bien). Au revoir.
부인 : 네, 매우 잘 지내요. 안녕히 가세요.
Monsieur : Au revoir, (bonne journée).
아저씨 : 안녕히 가세요, 좋은 저녁 되세요.

【3】

1. Enchanté(e) !
2. Il va très bien.
3. Ils parlent avec moi.
4. À bientôt !
5. Comment vas-tu ?
6. Comment t'appelles-tu ?

【4】

1. A : Comment t'appelles-tu ? 너는 이름이 뭐니?
   B : Je m'appelle Soujin. 나는 수진이야.
2. A : Bonne journée. 좋은 하루 되세요.
   B : Bonne journée. 좋은 하루 되세요.
3. A : Tu parles avec elle ? 너는 그녀와 함께 이야기를 나누니?
   B : Oui, je parle avec elle. 응, 나는 그녀와 함께 이야기를 나눠.
4. A : Tu aimes Paris ? 너는 파리를 좋아하니?
   B : Oui, j'aime Paris. 응, 나는 파리를 좋아해.

[연습문제] ·· p30

1.

(1) elle
(2) il
(3) nous
(4) ils
(5) vous

2.

(1) Moi
(2) elle
(3) toi
(4) lui
(5) Eux

(6) Vous

3.

(1) vais

(2) allez

(3) allons

(4) vas

(5) va

4.

(1) (Eux), (ils) (aiment) Paris.

(2) (Lui), (il) (s'appelle) Luc.

(3) (Moi), (je) (m'appelle) François.

(4) (Elle), (elle) (s'appelle) Lucie.

(5) (Nous), (nous) (parlons) avec Jean.

2과

[활용하기]············ p.47

【1】

Soujin : Salut, comment (ça va) ?
수진 : 안녕, 잘 지내니?
Sylvie : Salut, (pas mal). Et toi ?
실비 : 안녕, 나쁘지 않아. 그럼 너는?
Soujin : Moi, je vais bien. (Voici) Namsou.
수진 : 나, 나는 잘 지내. 이 친구는 남수야.
Sylvie : Bonjour. Moi, je suis Sylvie.
수진 : 안녕. 나, 나는 실비라고 해.
Namsou : Bonjour, (enchanté).
남수 : 안녕, 만나서 반가워.
Sylvie : Enchantée. Tu (es) aussi coréen ?
실비 : 만나서 반가워. 너도 한국 사람이니?

Namsou : Oui, je suis coréen. Es-tu (anglaise) ?
남수 : 응, 나는 한국 사람이야. 너는 영국 사람이니 ?
Sylvie : Non, je suis (allemande).
실비 : 아니, 나는 독일 사람이야.

【2】

Soujin : Salut, comment vas-tu ?
수진 : 안녕, 잘 지내?
Sylvie : Salut. Je (vais bien). Et toi ?
실비 : 안녕. 나는 잘 지내. 너는?
Soujin : Moi, ça va bien. (Voici) Namsou.
수진 : 나, 잘 지내. 이 친구는 남수야.
Sylvie : Bonjour. Moi, je (m'appelle) Sylvie.
실비 : 안녕. 나, 나는 실비라고 해.
Namsou : Bonjour. Enchanté.
남수 : 안녕. 만나서 반가워.
Sylvie : (Enchantée). (Est-ce que) tu es japonais ?
실비 : 만나서 반가워. 너는 일본 사람이니?
Namsou : Non, je suis coréen. Et (toi), tu es (espagnole) ?
남수 : 아니, 나는 한국 사람이야. 너, 너는 스페인 사람이니?
Sylvie : Oui, je suis espagnole.
실비 : 응, 나는 스페인 사람이야.

【3】

1. Je suis journaliste.
2. Elle est étudiante.
3. Ils sont coréens ?
4. Êtes-vous français ?
5. C'est Jinsu.

【4】

1. A : Vous êtes peintre ? 당신은 화가예요?
   B : Oui, je suis peintre. 네, 저는 화가예요.

2. A : Est-ce que vous êtes chinois ? 당신은 중국 사람이예요?

B : Non, je suis japonais. 아니요, 나는 일본 사람이예요.

3. A : Moi, je m'appelle Paul et je suis journaliste. Et toi ?

나, 나는 폴이고 기자야. 너는?

B : Moi, je m'appelle Pierre et je suis employé. 나, 나는 피에르이고 회사원이야.

[연습문제]··· p49

1.

(1) femme

(2) secrétaire

(3) avocate

(4) canadienne

(5) aime

(6) suisse

(7) fille

(8) cuisinière

2.

(1) Je (suis) étudiant. 나는 학생입니다.

(2) Tu (es) coréen ? 너는 한국인이니?

(3) C'(est) Luc ? 이 사람은 뤽입니까?

(4) Elles (sont) avec toi ? 그녀들은 너와 함께 있니?

3.

(1) café → 남성

(2) pizza → 여성

(3) voiture → 여성

(4) sac → 남성

(5) téléphone portable → 남성

(6) crayon → 남성

(7) maison → 여성

(8) table → 여성

(9) gomme → 여성

(10) cahier → 남성

4.

(1) Vous êtes français. 당신은 프랑스 사람입니다. → Est-ce que vous êtes français ?

→ Êtes-vous français ?

(2) Elles vont bien. 그녀들은 잘 지낸다. → Est-ce qu'elles vont bien ?

→ Vont-elles bien ?

(3) Il aime Paris. 그는 파리를 좋아한다. → Est-ce qu'il aime Paris ?

→ Aime-t-il Paris ?

(4) Elle habite avec Paul. 그녀는 폴과 함께 산다. → Est-ce qu'elle habite avec Paul ?

→ Habite-t-elle avec Paul ?

3과

[활용하기] p64

【1】

Paul : Salut !

폴 : 안녕!

Namsou : Salut !

남수 : 안녕!

Paul : Tu es (coréen) ?

폴 : 너는 한국 사람이니?

Namsou : Non, je (ne) suis (pas) coréen.

Je suis (chinois), et toi ?

남수 : 아니, 나는 한국 사람이 아니야.

나는 중국 사람이야, 그럼 너는?

Paul : Moi, je suis (anglais).

폴 : 나, 나는 영국 사람이야.

Namsou : Tu aimes (le français) ?

남수 : 너는 프랑스어를 좋아하니?

Paul : Oui, (j'adore le français).

폴 : 응, 나는 프랑스어를 엄청 좋아해.

Namsou : Moi aussi.

남수 : 나도 좋아해.

【2】

Soujin : Paul, est-ce que tu aimes le sport ?

수진 : 폴, 너는 운동을 좋아하니?

Paul : (Bien sûr), j'aime (beaucoup), et toi ?
폴 : 물론이지, 나는 운동을 좋아해, 그럼 너는?
Soujin : Moi, je (n'aime pas) le sport.
수진 : 나, 나는 운동을 좋아하지 않아.
Paul : Ah, bon ? Mais tu aimes le cinéma ?
폴 : 아, 그래? 그럼 너는 영화를 좋아하니?
Soujin : Non, je (ne vais jamais) au cinéma.
수진 : 아니, 나는 영화관에 가는 것을 결코 좋아하지 않아.
Je n'aime (ni) le sport (ni) le cinéma.
나는 운동도 영화도 좋아하지 않아.

【3】

(1) Elle habite à Séoul.

(2) Tu n'aimes pas le coréen ?

(3) Je ne suis plus étudiante.

【4】

1. A : Tu es japonais(e) ? 너는 일본 사람(여)이니?
   B : Non, je ne suis pas japonais(e). Je suis coréen(ne).
   아니, 나는 일본사람(여)이 아니야. 나는 한국사람(여) 이야.
2. A : Est-ce que tu aimes le sport ? 너는 운동을 좋아하니?
   B : Non, je ne fais jamais de sport. 아니, 나는 결코 운동을 하지 않아.
3. A : Tu es étudiant(e) ? 너는 학생(여)이니?
   B : Oui, je suis étudiant(e). 응, 나는 학생(여)이야.

[연습문제] p66

1.

(1) fille → filles
(2) gâteau → gâteaux
(3) journal → journaux
(4) voix → voix
(5) couteau → couteaux
(6) repas → repas
(7) animal → animaux
(8) livre → livres
(9) nez → nez
(10) manteau → manteaux

2.

(1) Elles (parlent) français. 그녀들은 프랑스어를 말해.

(2) Tu (habites) à Séoul ? 너는 서울에 사니?

(3) Il (travaille) avec Paul. 그는 폴과 함께 일해.

(4) Nous (étudions) le coréen à la maison. 우리들은 집에서 한국어를 공부해.

(5) J'(aime) les livres. 나는 책을 좋아해.

3.

(1) Il n'est pas étudiant. 그는 학생이 아니야.

(2) Je n'habite pas à Séoul. 나는 서울에 살지 않아.

(3) Ce n'est pas une chaise. 그것은 의자가 아니야.

(4) Je n'aime pas le café. 나는 커피를 좋아하지 않아.

4.

(1) livre → un livre/ le livre

(2) cinéma → un cinéma/ le cinéma

(3) table → une table/ la table

(4) école → une école/ l'école

(5) fille → une fille/ la fille

(6) amis → des amis/ les amis

(7) café → un café/ le café

(8) étudiante → une étudiante/ l'étudiante

(9) chien → un chien/ le chien

(10) femmes → des femmes/ les femmes

4과

[활용하기]········ p84

【1】

Paul : Ce sont les photos de (ma) famille.
폴 : 이것은 내 가족의 사진이야.
Soujin : Ah, bon ? C'est ta (sœur) ?
수진 : 아, 그래? 이 사람은 너의 여자 형제니?
Paul : Oui, c'est ma (grande sœur).
폴 : 그래, 그녀는 나의 누나야.
Soujin : Elle est comment ?
수진 : 그녀는 어떠니?

Paul : Elle est (sociable) et très (aimable).
폴 : 그녀는 사교적이고 매우 사랑스러워.

【2】

Namsu : Tu as des frères ?
남수 : 너는 남자 형제들이 있니?
Sylvie : Oui, j'ai (deux frères). Ils sont (étudiants).
실비 : 그래, 남자 형제 두명이 있어. 그들은 대학생이야.
Namsu : Ils sont gentils ?
남수 : 그들은 친절하니?
Sylvie : Oui, (ils sont) très gentils. Et toi ?
실비 : 그래, 그들은 매우 친절해. 그럼 너는?
Namsu : J'ai une sœur. (Elle est) (belle) et très (active).
남수 : 나는 여자 형제가 한 명 있어. 그녀는 예쁘고 매우 활동적이야.

【3】

1. J'ai un chien.
2. Elle a un joli chien.
3. Mon amie est belle.
4. Mon amie est belle et gentille.

【4】

1. A : Tu as des frères ? 너는 남자 형제들이 있니?
   B : <u>Oui, j'ai un frère</u>. 그래, 나는 남자 형제가 한명 있어.
2. A : Ta sœur est comment ? 너의 여자형제는 어떠니?
   B : <u>Elle est belle et très grande</u>. 그녀는 예쁘고 매우 키가 커.
3. A : Quelles fleurs aimez-vous ? 당신은 어떤 꽃을 좋아해요?
   B : <u>J'aime la rose</u>. 저는 장미를 좋아해요.

[연습문제]……………………………………………………………………………………………… p86

1.

(1) (ta) gomme (6) (son) histoire

(2) (sa) table
(3) (leurs) livres
(4) (mon) amie
(5) (son) école
(7) (mes) étudiants
(8) (son) professeur
(9) (son) gâteau
(10) (notre) père

2.

(1) facile → facile
(2) bon → bonne
(3) heureux → heureuse
(4) content → contente
(5) actif → active
(6) vert → verte
(7) libre → libre
(8) mignon → mignonne
(9) sociable → sociable
(10) gentil → gentille

3.

(1) gris → gris
(2) voix → voix
(3) pays → pays
(4) nouveau → nouveaux
(5) beau → beaux
(6) bonne → bonnes
(7) aimable → aimables
(8) grand → grands
(9) gentil → gentils
(10) jolie → jolies

4.

(1) J' (ai) beaucoup d'amis. 나는 많은 친구들이 있다.
(2) Nous (avons) des livres. 우리는 책을 가지고 있다.
(3) Mes étudiants (ont) des bonbons. 나의 학생들은 사탕을 가지고 있다.
(4) Tu (as) une maison. 너는 집을 가지고 있다.

5과

[활용하기]··························p103

【1】

Namsu : Bonjour, comment ça va ?
남수 : 안녕, 잘 지내?

Soujin : Moi, ça (ne va pas) bien.
수진 : 나, 나는 잘 못 지내.
Namsu : (Pourquoi) ?
남수 : 왜?
Soujin : (Parce que) j'ai mal (à la tête).
수진 : 왜냐하면 머리가 아파.
Namsu : Ah, bon ? Tu (peux) aller à l'hôpital ?
남수 : 아, 그래? 병원에 갈수 있니?
Soujin : Non, je (veux) (rester) à la maison. Je suis très fatiguée.
수진 : 아니, 집에서 쉬고 싶어. 너무 피곤해.

【2】

Soujin : Ça va ? Tu as (encore) mal au (ventre) ?
수진 : 괜찮니? 여전히 배가 아프니?
Namsu : Non, ça va bien.
남수 : 아니, 괜찮아.
Soujin : Alors, tu (peux) aller au téâtre (avec) moi ?
수진 : 그러면 나와 함께 극장에 갈 수 있니?
Namsu : (À quelle heure) ?
남수 : 몇 시에?
Soujin : À 13 heures.
수진 : 13시에.
Namsu : D'accord.
남수 : 알았어.

【3】

1. Tu peux aller à l'école ?
2. Elle te donne un livre.
3. Je veux aller au cinema avec toi.
4. J'ai mal au ventre.

【4】

1. A : Tu peux aller au concert de Joyce jonathan avec moi ? 너는 나와 함께 조이스

조나단 콘서트에 갈수 있니?

B : Non, je veux rester à la maison. 아니, 집에서 쉬고 싶어.

2. A : Tu as des frères ? 너는 남자 형제들이 있니?

B : Oui, j'ai deux frères. 그래, 남자 형제 두 명이 있어.

3. A : Tu as encore mal à la tête ? 여전히 머리가 아프니?

B : Non, ça va bien. 아니, 괜찮아.

[연습문제]……………………………………………………………………p105

1.

(1) Il (veut) une pizza. 그는 피자를 원한다.

(2) Tu (dois) aller à l'hôpital. 너는 병원에 가야한다.

(3) Je (peux) téléphoner à Paul. 나는 폴에게 전화를 할 수 있다.

(4) Elle (doit) étudier à la bibliothèque ? 그녀는 도서관에서 공부를 해야만 합니까?

2.

(1) Je vais (à la) maison. 나는 집에 간다.

(2) Tu vas (au) supermaché. 너는 슈퍼마켓에 간다.

(3) Il va (à l') école. 그는 학교에 간다.

(4) Nous allons (au) parc. 우리는 공원에 간다.

(5) Vous allez (aux) Champs-Elysées. 당신은 샹젤리제에 간다.

(6) Ils vont (à l') hôtel. 그들은 호텔에 간다.

3.

(1) J'achète une pomme. 나는 사과를 산다. → Je (l') achète.

(2) Tu parles à Soumi. 너는 수미에게 말한다. → Tu (lui) parles.

(3) Nous donnons un livre. 우리들은 책을 준다.→ Nous (le) donnons.

(4) Elle aime Paul. 그녀는 폴을 좋아한다. → Elle (l') aime.

(5) Il achète un livre et un cahier. 그는 책과 공책을 산다. → Il (les) achète.

4.

(1) Il est (sept) heures.

(2) Il a (vingt) ans.

(3) Est-ce que ton numéro de téléphone est (zéro six. cinquante-deux. soixante-sept. quatre-vingt-huit. quatre-vingts) ?

6과

[활용하기] p121

【1】

Soujin : Qu'est-ce que tu fais (le week-end) ?
수진 : 너는 주말에 뭐해?
Paul : Je (regarde) un film à la maison.
폴 : 나는 집에서 영화 봐.
Soujin : Tu aimes les films ?
수진 : 너는 영화 좋아하니?
Paul : Oui, j'(aime) beaucoup. Et toi, qu'est-ce que tu fais (le week-end) ?
폴 : 그래, 나는 영화를 많이 좋아해. 그럼 너는, 너는 주말에 뭐해?
Soujin : Moi, je (sors) avec mes amis.
On va au (restaurant) pour (dîner).
수진 : 나, 나는 내 친구들과 함께 외출해.
우리는 저녁식사를 하러 레스토랑에 가.

【2】

Soujin : Qu'est-ce que tu fais (aujourd'hui) ?
수진 : 오늘 너는 뭐해?
Paul : Je (me repose) à la maison, et toi ?
폴 : 나는 집에서 쉬어, 그럼 너는?
Soujin : Moi, j'étudie (le français).
수진 : 나, 나는 프랑스어를 공부해.
Paul : Tu aimes le français ?
폴 : 너는 프랑스어를 좋아하니?
Soujin : Oui, (surtout), j'adore (les romans) français.
수진 : 응, 특히 나는 프랑스 소설을 매우 좋아해.

Je veux aller (en France) un jour.
나는 언젠가 프랑스에 가기를 원해.
Paul : Super !
폴 : 최고다!

【3】

(1) Est-ce que vous sortez avec vos amis le week-end ?
(2) J'aime lire des livres.
(3) Elle est très célèbre en France.

【4】

1. A : Qu'est-ce que tu fais aujourd'hui ? 너는 오늘 뭐하니?
   B : Je vais au restaurant avec mes amis pour dîner.
   나는 저녁식사를 위해 내 친구들과 함께 레스토랑에 가.
2. A : Tu aimes les films ? 너는 영화를 좋아하니?
   B : Oui, je aime beaucoup. 그래, 나는 영화를 많이 좋아해.
3. A : Qu'est-ce que tu fais le week-end ? 너는 주말에 뭐하니?
   B : J'étudie le français. 나는 프랑스어를 공부해.

[연습문제]··p123

1.

(1) Je (me lève) à 6 heures. 나는 6시에 일어난다.
(2) Elle (se couche) à 11 heures. 그녀는 11시에 잠든다.
(3) Ils (se lavent) tous les jours. 그들은 매일 씻는다.
(4) Elles (s'aiment) beaucoup. 그녀들은 서로 많이 좋아한다.

2.

(1) (Qu'est-ce que) c'est ?
(2) (Qu'est-ce qu') aimes-tu ?
(3) (Que) cherchez-vous ?
(4) (Que) lisez-vous ?

3.

(1) Je vais (en) France. 나는 프랑스에 간다.

(2) Il ne veut pas aller (au) Mexique. 그는 멕시코에 가는 것을 원하지 않는다.

(3) Elle veut aller (aux) États-Unis. 그녀는 미국에 가는 것을 원한다.

(4) Dois-tu aller (au) Japon ? 너는 일본에 가야만 하니?

(5) Sont-ils (en) Corée ? 그들은 한국에 있니?

4.

(1) Nous (lisons) des romans français. 우리들은 프랑스 소설을 읽는다.

(2) Est-ce que vous (sortez) avec votre ami ? 당신은 당신의 친구와 함께 외출합니까?

(3) Je (pars) au Japon. 나는 일본으로 떠난다.

(4) Lui, il (lit) un magazine. 그, 그는 잡지를 읽는다.

7과

[활용하기]……………………………………………………………………………………p140

【1】

Paul : Salut !

폴 : 안녕!

Soujin : Salut ! Qu'est-ce que tu (vas faire) ce matin ?

수진 : 안녕! 오늘 아침 너는 무엇을 할거니?

Paul : Je vais (faire du sport). Et toi ?

폴 : 나는 운동을 할거야. 그럼 너는?

Soujin : Je vais aller (au marché) avec ma famille.

수진 : 나는 내 가족과 함께 시장에 갈거야.

Paul : Qu'est-ce que tu (vas acheter) ?

폴 : 너는 무엇을 살건데?

Soujin : Je (dois acheter) de la viande là-bas.

수진 : 나는 거기서 고기를 사야해.

Paul : Ah, bon ? On y va (ensemble).
폴 : 아, 그래? 우리 같이 가자.
Soujin : D'accord.
수미 : 좋아.

【2】

Sylvie : (Où vas-tu) ?
실비 : 너 어디 가니?
Soujin : Je vais (au marché) devant la poste.
수진 : 나는 우체국 앞에 있는 시장에 가.
Sylvie : Qu'est ce-que tu vas acheter ?
실비 : 너는 무엇을 살거니?
Soujin : Je vais acheter des pommes et (des fruits).
수진 : 나는 사과와 과일을 살거야.
Sylvie : Moi aussi, je (dois acheter) des fruits.
실비 : 나 또한 과일을 사야해.
Soujin : C'est très bien. Tu viens (avec moi) ?
수진 : 잘됐다. 나와 같이 갈래?
Sylvie : (D'accord).
실비 : 좋아.

【3】

1. Où étudies-tu ?
2. Ils achètent du beurre et de la confiture.
3. Ce soir, je vais aller au supermarché.

【4】

1. A : Où vas-tu ? 너는 어디에 가니?
   B : Je vais à l'école. 나는 학교에 가.
2. A : Qu'est ce-que tu vas acheter ? 너는 무엇을 살거니?
   B : Je vais acheter des légumes. 나는 야채를 살거야.
3. A : Qu'est-ce que tu vas faire ce soir ? 오늘 저녁 너는 무엇을 할거니?

B : Je vais faire mes devoirs. 내 숙제를 할거야.

[연습문제]······p142

1.

(1) Est-ce que vous avez (de l') argent ? 당신은 돈이 있습니까?

(2) (De l') eau, s'il vous plaît ! 물 주세요!

(3) Tu veux (du) café ? 너는 커피를 원하니?

(4) Je mange (des) fruits. 나는 과일을 먹는다.

(5) Vous avez (du) courage ! 당신은 용기가 있네요!

2.

(1) (Où) vas-tu ?

(2) (Quand) partez-vous ?

(3) (Combien) d'enfants avez-vous ?

(4) (Pourquoi) partez-vous ?

(5) Elle est (comment) ?

3.

(1) Tu vas travailler au café. 너는 곧 커피숍에 일하러 갈거야.

(2) Je vais faire mes devoirs. 나는 곧 내 숙제를 끝낼거야.

(3) Nous allons arriver à l'école. 우리는 곧 학교에 도착할거야.

(4) Il va aller au parc. 그는 공원에 곧 갈거야.

4.

(1) (Cet) homme est beau. 이 남자는 멋지다.

(2) (Ce) matin, je fais du sport. 오늘 아침, 나는 운동을 한다.

(3) Elles ont (ces) livres. 그녀들은 이 책들을 가지고 있다.

(4) (Cette) table est petite. 이 탁자는 작다.

(5) (Cet) arbre est joli. 이 나무는 예쁘다.

5.

(1) J'(achète) des fruits. 나는 과일을 산다.

(2) Qu'est-ce qu'elles (font) ? 그녀들은 무엇을 합니까?

(3) Tu (viens) avec nous ? 너는 우리와 함께 갈래?

(4) À quelle heure (venez)-vous ici ? 당신은 여기에 몇시에 와요?

(5) Nous (faisons) un gâteau. 우리는 케익을 만든다.

8과

[활용하기] p159

【1】

Sylvie : (Quel temps fait-il) aujourd'hui ?
수진 : 오늘 날씨가 어때?
Namsu : Il fait (beau).
남수 : 좋아.
Sylvie : C'est bien. On va faire (de la natation) ?
실비 : 잘됐다. 우리 수영갈까?
Namsu : Non, ce n'est pas (possible). Je dois aller (à l'hôpital).
J'ai (mal) au ventre.
남수 : 안돼, 불가능해. 나는 병원에 가야해.
배가 아파.
Sylvie : Oh là là ! (Tant pis) !
Je (vais proposer) ça à Soujin. Ne (t'inquiète) pas.
실비 : 어머! 할 수 없지!
수진이에게 이것에 대해 제안할게. 걱정하지마.

【2】

Paul : Quel temps fait-il (en automne) à Paris ?
폴 : 파리의 가을날씨는 어때?
Soujin : (Il fait) frais. En Corée (aussi) ?
수진 : 선선해. 한국도 그러니?
Paul : Bien sûr, il fait beau et très (agréable).
(Alors), quel temps fait-il en été à Paris ?
폴 : 물론이지, 날씨가 좋고 매우 상쾌해.

그럼 파리의 여름 날씨는 어때?
Soujin : Il fait très chaud.
수진 : 너무 더워.
Paul : Dans (mon pays) aussi, il fait chaud et humide.
폴 : 내 나라도 그래, 덥고 습해.

【3】

1. Quel temps fait-il ?
2. Regardez la Tour Eiffel !
3. Je viens de finir mes devoirs.

【4】

1. A : Quel temps fait-il en été en Corée ? 한국에 여름 날씨가 어때요?
   B : Il fait beau et très chaud. 날씨가 좋고 매우 더워요.
2. A : On va faire du sport ? 우리 운동할까?
   B : Non, ce n'est pas possible. Je dois faire mes devoirs.
   안돼, 불가능해. 나는 숙제를 해야해.
3. A : Quel temps fait-il aujourd'hui ? 오늘 날씨 어때?
   B : Il pleut. 비가 와.

[연습문제]··p161

1.

(1) (Fermons) la porte ! 문을 닫자!
(2) (Allez) à l'école ! 학교에 가세요!
(3) (Mange) du pain ! 빵 먹어!
(4) (Entrez) ! 들어오세요!

2.

(1) Elle vient d'acheter une jupe. 그녀는 방금 치마를 샀다.
(2) Je viens de finir mon travail. 나는 방금 내 일을 끝냈다.
(3) Elles viennent d'arriver à Paris. 그녀들은 파리에 방금 도착했다.

(4) Nous venons de manger du pain. 우리는 빵을 방금 먹었다.

3.

(1) Il (pleut).

(2) Il (fait beau).

(3) Il (est) midi.

(4) Il (neige) beaucoup.

4.

(1) Il (finit) ses devoirs. 그는 그의 숙제를 끝낸다.

(2) Eux, ils (choisissent) ce film. 그들, 그들은 이 영화를 선택한다.

(3) Nous (finissons) nos repas. 우리는 우리들의 식사를 끝낸다.

(4) Je (choisis) le cours de français. 나는 프랑스어 수업을 선택한다.

9과

[활용하기]……………………………………………………………………………………p175

【1】

Paul : Qu'est-ce que tu as fait (hier) ?

폴 : 너는 어제 뭐했니?

Soujin : Je (suis allée) au concert de Zaz avec mes amis. Et toi ?

수진 : 나는 내 친구들과 함께 자즈의 콘서트에 갔었어. 그럼 너는 ?

Paul : Moi, (j'ai travaillé) à l'école.

폴 : 나, 나는 학교에서 일했어.

Soujin : Tu (es libre) ce (dimanche) ?

수진 : 너는 이번주 일요일에 시간 있니 ?

Paul : Pourquoi ?

폴 : 왜 ?

Soujin : Je (veux t'inviter) chez moi.

수진 : 나는 너를 내집에 초대하고 싶어서.

【2】

Serveur : Bonjour, (qu'est-ce que) vous désirez ?
종업원 : 안녕하세요, 무엇을 원하세요?
Soujin : (Comme entrée), une salade, s'il vous plaît.
수진 : 전식으로, 샐러드 주세요.
Serveur : Et comme plat ?
종업원 : 본 요리는요?
Soujin : Je prends (un plat du jour), s'il vous plaît.
수진 : 오늘의 요리 주세요.
Serveur : Et comme boisson ?
종업원 : 음료는요?
Paul : (Un jus d'orange), s'il vous plaît.
폴 : 오렌지 주스 주세요.
Serveur : Et (voulez-vous) du dessert ?
종업원 : 그리고 디저트를 원하세요?
Soujin : (Non merci).
수진 : 고맙지만 사양할게요.
Serveur : Très bien.
종업원 : 잘 알겠습니다.

【3】

1. Qu'est-ce que tu as fait hier ?
2. Il a invité ses amis à la maison.
3. Elle est arrivée à la bibliothèque à sept heures.

【4】

1. A : Qu'est-ce que tu as fait hier ? 너는 어제 뭐했니?
   B : Je suis allé(e) au cinéma avec mes amis.
   나는 내 친구들과 함께 영화관에 갔었어.
2. A : Vous voulez du dessert ? 디저트를 원하세요?
   B : Non merci. 고맙지만 사양할게요.
3. A : Tu es libre ce dimanche ? 너는 이번주 일요일 시간이 있니?

B : Oui, pourquoi ? 응, 왜?

[연습문제]··p177

1.

(1) avoir → eu
(2) être → été
(3) prendre → pris
(4) partir → parti
(5) finir → fini
(6) lire → lu
(7) faire → fait
(8) venir → venu
(9) habiter → habité
(10) vouloir → voulu

2.

(1) Elle a eu un enfant. 그녀는 아이가 한 명 있었다.
(2) J'ai mangé une pomme. 나는 사과를 먹었다.
(3) Il a parlé à Paul. 그는 폴에게 말했다.
(4) Tu as fini ton cours. 너는 너의 수업을 끝냈다.
(5) Il a lu un roman. 그는 소설을 읽었다.
(6) Il a été à Séoul. 그는 서울에 있었다.

3.

(1) Nous sommes allé(e)s à l'école. 우리는 학교에 갔었다.
(2) Elle est sortie tous les jours. 그녀는 매일 외출했다.
(3) Ils sont arrivés à 7 heures. 그들은 7시에 도착했었다.

4.

(1) Je (prends) du café avec ma sœur. 나는 나의 여자형제와 함께 커피를 마신다.
(2) Tu (prends) le métro. 너는 지하철을 탄다.
(3) Il (prend) le déjeuner avec sa famille. 그는 그의 가족과 함께 점심식사를 한다.
(4) Nous (prenons) le bus. 우리는 버스를 탄다.
(5) Ils (prennent) du jus d'orange. 그들은 주스를 마신다.

10과

[활용하기]··p191

【1】

Sylvie : Les vacances d'hiver arrivent (bientôt).
실비 : 곧 겨울방학이네.
Namsou : Oui, c'est vrai.
남수 : 그래, 맞아.
Sylvie : Qu'est-ce que (tu vas faire) pendant les vacances ?
실비 : 방학동안에 너는 무엇을 할거니?
Namsou : (J'irai) en France.
남수 : 나는 프랑스에 갈거야.
Sylvie : Tu y (resteras) pendant longtemps ?
실비 : 너는 거기에 오래동안 머무를거니?
Namsou : Oui, je (resterai) pendant six mois.
남수 : 그래, 나는 여섯달 동안 머무를거야.
Sylvie : Super !
실비 : 최고다!

【2】

Paul : (Qu'est-ce que) tu vas faire la semaine prochaine ?
폴 : 다음주에 너는 무엇을 할거니?
Soujin : Pourquoi ?
수진 : 왜?
Paul : (J'irai) au restaurant français. Tu veux venir avec moi ?
폴 : 나는 프랑스 레스토랑에 갈거야. 너도 나와 함께 갈래?
Soujin : (C'est dommage). J'ai déjà (rendez-vous) avec ma famille.
Je (voyagerai) avec eux à la campagne.
수진 : 아쉽다. 나는 이미 나의 가족과 함께 약속이 있어.
나는 그들과 함께 시골로 여행을 갈거야.

Paul : (Comment y aller) ? En voiture ? ou En train ?
폴 : 어떻게 거기에 갈거니? 차로? 아니면 기차로?
Soujin : Nous (irons) en TGV.
수진 : 나는 거기에 고속기차로 갈거야.
Paul : Bon voyage !
폴 : 좋은 여행되길 바래!

【3】

1. Il y travaille.
2. J'irai voyager en France.
3. Nous irons à Lyon en TGV.

【4】

1. A : Qu'est-ce que tu vas faire la semaine prochaine ?
다음주에 너는 무엇을 할거니?
B : J'irai au restaurant avec mes amis.
나는 나의 친구들과 함께 레스토랑에 갈거야.
2. A : Qu'est-ce que tu vas faire pendant les vacances ?
방학동안 너는 무엇을 할거니?
B : Je voyagerai avec ma famille à Paris.
나는 파리로 나의 가족과 함께 여행할거야.
3. A : Je voyagerai avec ma famille en France.
나는 프랑스로 가족과 함께 여행할거야.
B : Bon voyage ! 좋은 여행되길 바래!

[연습문제]..p193

1.

(1) être → Je (serai)
(2) avoir → J' (aurai)
(3) faire → Je (ferai)
(4) aller → J' (irai)
(6) habiter → J' (habiterai)
(7) lire → Je (lirai)
(8) finir → Je (finirai)
(9) partir → Je (partirai)

(5) venir → Je (viendrai) (10) sortir → Je (sortirai)

2.

(1) Je chanterai cette chanson. 나는 이 노래를 부를 것이다.

(2) Il sera à Paris. 그는 파리에 있을 것이다.

(3) Elle ira à l'école. 그녀는 학교에 갈 것이다.

(4) Vous ferez la cuisine. 당신은 요리를 만들 것이다.

(5) J'aurai une voiture. 나는 자동차를 가질 것이다.

3.

(1) Elle pense à sa maison. 그녀는 그녀의 집에 대해 생각한다. → Elle y pense.

(2) Je vais à Paris. 나는 파리에 간다. → J'y vais.

(3) Tu montes dans le bus. 너는 버스에 오른다. → Tu y montes.

(4) Il rentre à la maison. 그는 집에 돌아온다. → Il y rentre.

(5) Nous arrivons en Corée. 우리들은 한국에 도착한다. → Nous y arrivons.